몸과 마음의 연결을 밝히는 폴리바갈(다미주신경) 이론

불안은 몸에서 시작된다

— 몸과 마음의 연결을 밝히는 폴리바갈(다미주신경) 이론 —

불안은 몸에서 시작된다

요시자토 쓰네아키 지음 · 김지선 옮김

인라우드
INLOUD

Contents

1장

폴리바갈 이론이란?

Contents

2장

3색을 더 깊이 있게 이해하기

3장

폴리어로 생활하기

Contents

4장

초록을 늘리는 방법

Contents

5장

고민 방식이나 체험 바꾸기

시작하며

이 책을 선택해 주셔서 감사합니다. 여러분은 무엇을 기대하며 지금 이 책을 읽고 계신가요? '폴리바갈 이론'이라는 키워드가 궁금하셨나요? 고민을 해결하기 위한 힌트를 찾고 계셨나요? 아니면 심리학이나 상담에 관심이 생겼나요?

다양한 이유가 있겠지만, 저는 여러분에게 조금이라도 '도움이 되는' 책을 만들고 싶다는 일념으로 이 책을 썼습니다.

'도움이 된다'라는 표현은 특정 목적이나 목표를 달성하는 데 효과적일 때 사용합니다. 비가 올 때 도움이 되는 도구가 있고, 공부를 할 때 도움이 되는 도구가 있는 것처럼 이 책이 여러분의 고민 해결에 도움이 된다면 매우 기쁠 듯합니다.

이 책에서 소개해 드리고 싶은 도구는 '폴리바갈 이론'이라는 새로운 자율신경 이론을 베이스로 한 '사고방식'입니다. 여러분의 고민 해결과 생활 방식에 도움이 될 것 같아 소개하고자 합니다.

그 전에 이 책을 쓰게 된 과정에 대해 먼저 말씀드리겠습니다. 정식으로 인사드리겠습니다. 저는 22년간 정신건강의학과에서 임상심리사(상담사)로 근무하고 있는 요시자토 쓰네아키라고 합니다. 정신질환(우울증, 의존증, 불안증, 트라우마 증상)을 앓고 있는 분들이 건강을 회복할 수 있도록 도와드리고 있습니다.

정신건강의학과는 '마음의 병원'이나 '마음의 병을 치료하는 곳'이라고 생각하시는 분들이 많습니다. 하지만 이렇게 생각하면 오해의 소지가 있습니다. 환자분들이 '마음을 치료해야 한다', ' 내 생각이나 성격을 고쳐야 한다', '내 노력이 부족해서 마음이 병들었다'라고 종종 착각하기 때문입니다.

실제로는 그렇지 않습니다. 병든 마음을 직접 치료하면 마음이 낫는 것도 아니고, 치료해야 할 만큼 사람의 마음이 이상한 것도 아닙니다. 실제로는 '마음이나 성격을 고친다'라기보다는, '사람의 몸을 가다듬으면 몸의 에너지가 돌아와 뇌의 상태가 정돈되고, 결과적으로는 마음이 회복되는' 일이 임상 현장에서 자주 일어납니다.

이처럼 몸과 마음의 관계성이나 정신건강의 회복에 대한 설명을 할 때 도움이 되는 방법이 '폴리바갈 이론을 바탕으로 한 사고법'입니다.

저는 2017년에 폴리바갈 이론을 접했습니다. 솔직히 처음에는 어렵게 느껴졌지만, 저를 짓눌렀던 답답함이 풀릴 것 같다는 생각이 들었습니다. 그리고 공부를 거듭하다 보니 환자분들께 몸과 마음의 관계성에 도움이 될 만한 설명도 할 수 있게 되었습니다. 환자분들이 몸과 마음의 건강을 회복할 수 있도록 도움을 드리고 있는 저에게 폴리바갈 이론은 더할 나위 없이 도움이 되는 사고법입니다.

그 경험을 바탕으로 2020년부터 동료 상담사들이나 서비스직에 종사하는 분들과 함께 '폴리바갈 이론 사용법'을 주제로 한 스터디 그룹을 운영하고 있습니다. 이 스터디 그룹에서 만난 분들 역시 폴리바갈 이론을 베이스로 한 사고법이 굉장히 유용하다고 합니다.

구체적으로는 '무엇보다도 내가 살기 편해졌다', '일할 때 도움이 되고, 내 몸과 마음이 건강해졌다'라고들 합니다. 또 스터디를 거듭해 가면서 서포트 현장뿐만 아니라 교육 분야나 기업 연수 등 일반인을 대상으로 한 분야에서도 폴리바갈 이론이 유용하다는 반응이 많이 나오고 있습니다.

한편, '폴리바갈 이론을 다루는 책은 전문가용이 많아 일반인들은 이해하기 어렵다'라는 목소리도 많습니다. 그래서 이 책은 폴리바갈 이론을 처음 접한 사람도 충분히 이해하고 활용할 수 있도록 최대한 쉽게 썼습니다.

폴리바갈 이론은 비교적 새로운 사고법으로, 일본에서는 최근에 연구가 시작된 이론입니다. 꽤 심오하고 방대한 이론이니 이 책을 읽고 폴리바갈 이론에 대해 더 알고 싶으시다면 다른 책도 참고해서 공부해 보세요.

이 책에서는 폴리바갈 이론의 기초 중에서도 기초만 소개했습니다. 저와 환자분들, 저와 동료들이 함께 만들어낸 '폴리바갈 이론의 사용법'을 소개하오니 하나의 예시로 참고해 주시면 좋겠습니다.

그럼, 폴리바갈 이론을 함께 배워볼까요?

요시자토 쓰네아키

0장

고민을 더 복잡하게 만드는 사람

1

고민의 원인은 나?

여러분은 어떤 고민을 하고 있나요? 그리고 여러분에게 소중한 사람은 어떤 고민을 하고 있나요?

사람의 고민은 '인간관계', '건강', '돈(경제적 불안)' 세 가지로 분류할 수 있다고 합니다. 여러분의 고민은 이 세 가지 중 무엇인가요?

아들러 심리학이 일본에서도 유행하고 있는데요. 알프레드 아들러(Alfred Adler) 박사는 '모든 고민은 인간관계에서 비롯된다'라고 했습니다. 인간관계가 없는 세상은 존재하지 않을 테니 그렇게 표현하는 것도 무리는 아닙니다. 인간관계는 아들러 심리학이나 교류 분석 등 여러 가지 심리학을 이용하면 해결되는 경우도 많습니다.

실제로 저는 임상심리사로 일하며 심리학을 연구하고 실천해 왔습니다. 심리학은 현장에서 유용한 학문이었고, 저 자신도 심리학 덕분에 성장할 수 있었습니다. 하지만 정신건강의학과 현장에서는 심리학만으로 해결되지 않는 것들이 많았습니다.

건강에 대한 고민도 동서양을 막론하고 오래전부터 끊이지 않았습니다. 특히 코로나 사태 이후 건강을 향한 관심은 더욱더 높아졌습니다. 어떤 음식이 건강에 좋은지, 어떤 약이 효과가 있는지, 어떤 건강 요법이 노화를 막아주는지 등 건강은 업계나 학계의 관심을 불러일으키는 주제가 되었습니다.

돈에 관한 고민도 보편적인 주제입니다. 최근에는 일본에서도 투자 문화가 확산되며 경제 교육에 관한 활동이 조금씩 늘고 있습니다. 또, 근무 환경이 개선되면서 돈 버는 방법이 다양해지고 있습니다. 사람들이 돈에 관련된 고민을 많이 하는 이유는 아마도 마음속 깊은 곳에 불안감이 자리 잡고 있기 때문일 것입니다.

고민에 반응하는 두 가지 유형

여러분이 누군가의 고민을 들어준다고 가정해 봅시다.

"나 요즘 남편 때문에 고민이야. (고민을 털어놓는다) …… 왜 나는 매일 이런 걸로 고민하는 걸까?"

"매일 30분 이상 달리고, 당류 섭취도 신경 쓰고 있는데 왜 살이 안 빠질까?"

"나도 모르게 인터넷 쇼핑을 했더니 요 몇 달간은 저축은 커녕 쓸 돈도 없어. 나는 왜 이렇게 의지가 약할까?"

이러한 질문에 여러분은 어떻게 답하시겠습니까? 크게는 두 가지 유형으로 나눌 수 있습니다.

첫 번째는 **'문제의 원인을 생각'**하는 유형이고,

두 번째는 **'올바른 해결책을 제시'**하는 유형입니다.

하지만 이 두 가지 유형에는 각각 함정이 있습니다. 이 두 가지 유형의 주의점에 대해 자세히 설명해 드리겠습니다.

① 문제의 원인을 생각하는 유형

여러분이 알아야 할 사실이 있습니다. 바로 여러분이 고민할 때나 누군가가 여러분에게 고민을 이야기했을 때 '왜 이렇게 되어버린 걸까?'라며 원인이나 이유를 찾아내려고 한다는 것입니다. 원인을 찾는 것이 나쁘다는 의미가 아닙니다.

다만 원인을 찾는 데에 그치지 않고, 누가 잘못했는지까지 따지는 경우가 많습니다. 누구 때문에 이렇게 된 거냐며 남 탓을 하는 것입니다.

특히 고민하는 본인의 잘못이 되면 그 말을 들은 본인은 발끈하거나, 고민을 해결하려는 의욕이 떨어지기도 합니다. **'문제에는 원인 제공자가 있다', '고민을 해결하기 위해서는 잘못한 사람을 바로잡아야 한다'라는 발상은 오히려 고민을 복잡하게 만드는 원인이 될 수 있습니다.**

"네가 직장 내 인간관계로 스트레스받는 이유는 다 그 사람 때문이야."

"네 성격에 문제가 있으니까 컨디션까지 안 좋아지는 거야."

"본인이 무능력하니까 계속 돈에 대한 고민만 하고 있지."

"부부관계가 안 좋은 건 다 남편 탓이야."

"부모님이나 선생님이나 전혀 발전이 없는데 내 고민이 해결되겠어?"

이렇게 본인과 주변 사람을 나쁜 사람으로 몰아가는 것입니다. 이러한 생각이 좋은지 나쁜지를 말하고자 하는 것이 아닙니다. **당사자에게 도움이 되는 발상인지가 중요합니다.**

본인이나 타인의 고민을 해결하려다가 생각지도 못하게 이런 '원인 찾기·잘못한 사람 찾기'의 소용돌이에 휘말린 적 없나요? **고민을 해결하려면 '원인 찾기·잘못한 사람 찾기'의 소용돌이에서 얼마나 멀리 떨어져 생각하느냐가 중요합니다.**

저는 이런 고민에서 한 발짝 떨어지기 위해 두 가지 방법을 추천합니다.

첫 번째는 사람이 문제라는 발상이 잘못됐다는 점을 깨닫는 것입니다. '나는 왜 성격이 이럴까?', '내가 문제라서 이렇게 된 거야'처럼 문제의 원인을 사람으로 인식한다는 사실을 인지해야 합니다. **고민의 원인이 컨디션 때문이라는 시점에서 파악해 봅시다.** 이 책에서는 이 사고방식에 대해 자세히 다룰 예정입니다.

두 번째는 '나는 왜 이렇게 문제가 많은지'가 아니라, **'나**

는 어떻게 하고 싶은지', '어떤 사람으로 살아가고 싶은지'를 생각해 보는 것입니다. 과거가 아닌 미래에 초점을 맞춰야 합니다.

② 올바른 해결책을 제시하는 유형

그다음으로는 '올바른 해결책을 제시'하는 유형입니다. **여러분이 고민할 때나 타인의 고민을 들을 때, 무심코 '이렇게 하면 되잖아', '왜 이렇게 안 해?'와 같이 올바른 해결책을 꺼내는 경우가 있습니다.**

올바른 해결책을 제시하면 안 된다는 뜻이 아닙니다.

다만 '이렇게 하면 되잖아', '이렇게 안 하는 사람이 어디 있어?'와 같은 올바른 해결책을 듣게 되면 고민하는 사람은 자신이 해결책을 모르는 무지한 사람이라고 생각하게 되고, 그 해결책을 시도해 봤는데도 고민이 해결되지 않았다면 그건 본인 탓이라는 결론에 다다르는 경우가 있습니다.

게다가 '이렇게 안 하는 사람도 있어?'라는 말을 들으면 보통이 되려는 불필요한 노력이 더해져 오히려 고민이 더 커집니다.

즉 유형①이나 유형② 모두 '고민하는 네가 문제'라며 당사자를 잘못한 사람으로 몰아가서 고민하는 사람이 자신을 탓하게 되는 리스크가 발생합니다. 이 함정에 빠지지 않아야 합니다.

자, 그러면 생각해 봅시다. **올바른 해결책은 존재하는 것일까요? '이렇게만 하면 고민은 무조건 해결된다'와 같은 정답은 정말 있는 것일까요?**

2

가이드북의 장단점

앞에서 3대 고민인 '인간관계', '건강', '돈'을 소개해 드렸습니다.

『인간관계를 싹 해결해 주는 7가지 방법』

『건강 비책! 이것만 하면 건강해진다』

『무조건 매출이 오르는 5단계』

이처럼 시중에는 인간관계·건강·돈에 대한 고민을 해결해 주는 책이 많습니다.

누구든지 따라만 하면 확실한 결과를 얻는 매뉴얼은 있습니다. 레시피, 앞치마 만드는 법, 노트북 조작법 등 매뉴얼화하기 쉬운 것들은 가이드북으로 만들면 많은 사람에게 도움이 되겠지요.

하지만 **3대 고민은 문제가 복잡하게 얽혀 있는 경우가 많기 때문에 가이드북대로 해도 고민이 해결된다는 보장이 없습니다.** 인간관계, 건강, 돈에 관한 것은 기계적이지 않은 '생명의 움직임'이 관련되어 있다고도 할 수 있습니다.

고민이 있을 때는 대부분 가이드북을 찾습니다. 가이드북은 고민을 해결해 줄 때도 있지만, 해결해 주지 못할 때도 있습니다.

가이드북을 읽어도 해결되지 않는 이유는?

앞서 언급했듯 3대 고민의 해결책대로 잘 풀리지 않으면 '다들 이 방법으로 잘 풀렸는데 왜 나만 안 되는 걸까? 이건 분명히 내가 문제일 거야'라며 고민하는 사람이 많습니다.

가이드북의 내용은 더할 나위 없이 깔끔하게 정리되어 있습니다. 게다가 권위 있는 사람이 쓴 책이라면 가이드북이 정답 혹은 올바른 방법처럼 보이기까지 합니다. 가이드북이 제시하는 대로 실천했는데도 고민이 해결되지 않는다면, '원인은 나'라고 생각하기 쉽습니다.

그런 의미에서 가이드북은 **원하는 대로 잘 풀리지 않으면 자신이나 타인의 탓을 할 가능성이 있다**는 단점이 있습니다.

원인을 사람에게서 찾으면 보이지 않는 것

어쨌든 고민에 직면했을 때는 고민하는 당사자를 포함해 '사람에게 원인이 있다', '문제가 좀처럼 풀리지 않는 이유는 그 사람이 잘못했기 때문이다'라고 생각하기 쉽습니다. 그 발상 자체는 나쁘지 않지만, 이 책에서는 당사자에게 **도움이 되는지**를 생각해 봤으면 합니다.

반대로 당사자를 포함하여 **누군가를 탓하지 않는 대화를 이어간다면 고민이 해결될 가능성이 높아집니다.**

자녀의 성적 때문에 고민하는 아버지

예를 들어, 수업을 따라가지 못해 성적이 떨어진 자녀 때문에 고민이 깊은 아버지가 있다고 가정해 봅시다.

아버지는 우연히 한 영상을 보게 됩니다. 강렬한 카리스마로 학생들에게 인기가 많은 교사가 'A라는 지도법으로 가르치면 성적이 올라간다'라고 강조하자, 아버지는 이 방법으로 아이를 가르쳐보자는 생각에 지도법 A를 배워 자녀에게 몇 번 시도해 봅니다. 그러나 자녀의 반응이 떨떠름할 뿐만 아니라, 오히려 더 헷갈린다는 말만 듣고 말았습니다.

그러자 아버지는 '지도법 A로 가르쳤는데도 왜 우리 아이는 더 헷갈려 하는 걸까?'라며 의문을 가집니다. '아이의 지능이 낮아서일까?', '나는 가르치는 데 재능이 없는 걸까?'라며 원인을 찾게 됩니다.

수업을 따라가지도 못하고, 이유 없이 풀 죽은 아이를 보며 본인도 모르게 조바심이 나 다시 지도법 A를 시도해 보지만 마음처럼 되지 않습니다. 아이가 싫어하는 티를 내자 오히려 더 화가 나 포기하지 못하는 모습도 자주 볼 수 있는 광경이지요.

어머니를 간호하느라 고민하는 딸

예시를 하나 더 들어보겠습니다. 간호가 필요한 어머니를 매일 돌보고 있는 딸이 있습니다. 치매에 걸리면 기억이 흐려진다는 사실은 알고 있었지만, 늘 하던 일인데도 점점 예전 같지 않은 어머니를 보니 그만 우울해집니다. 때마침 병원 관계자에게 치매의 진행을 늦추려면 B 식사법과 C 체조가 중요하다는 조언을 들었습니다.

조언을 들은 딸은 다시 정신을 차린 뒤 어머니에게 B 식사법과 C 체조를 열심히 해보자고 몇 번이나 말했지만, 별생각 없는 어머니를 보니 힘이 빠집니다. 우울해지면 어디선가 들었던 '치매는 진행성 질병이기 때문에 좋아질 일이 없다'라는 말이 머리를 맴돌고, 'B 식사법이나 C 체조를 해도 소용없지 않을까?', '엄마도 의지가 없는 것 같은데 이제 그냥 포기할까?'라는 생각이 들면서 의욕이 떨어집니다.

그리고 B 식사법이나 C 체조를 할 수 없는 원인을 자포자기하는 자신이나 어머니의 성격 탓으로 돌려버리는 모습도 자주 볼 수 있지요.

고민을 다른 각도에서 바라보기

두 가지 예시를 모두 정리해 볼까요? 첫 번째, 아이에게 지도법 A로 가르쳐봤지만 별 소득을 얻지 못한 아버지는 자신이나 아이에게 원인이 있고, 그것이 곧 문제라고 생각할 것입니다. 두 번째, 간호가 필요한 어머니를 돌보는 딸은 자신이나 어머니의 성격에 원인이 있고, 그것이 곧 문제라고 생각할 것입니다.

과연 그럴까요? 여기서 **문제나 고민을 '사건(사실)'과 '체험'으로 나누어봅시다.**

자녀의 성적으로 고민하는 아버지의 다른 사고방식

첫 번째 예시 중 '아이가 수업을 따라가지 못해 성적이 떨어졌다'라는 것은 사건(사실)입니다.

아버지는 이 사건에 대해서 상황이 심각하니 우리 아이를 어떻게든 도와주고 싶다는 생각에 지도법 A를 시도해 보지만 조바심이 나거나 초조해지고, 아이를 부정적인 시선으로 보게 되는 체험을 하고 있습니다.

동일한 사건이라도 컨디션에 따라 사고방식이 바뀐다

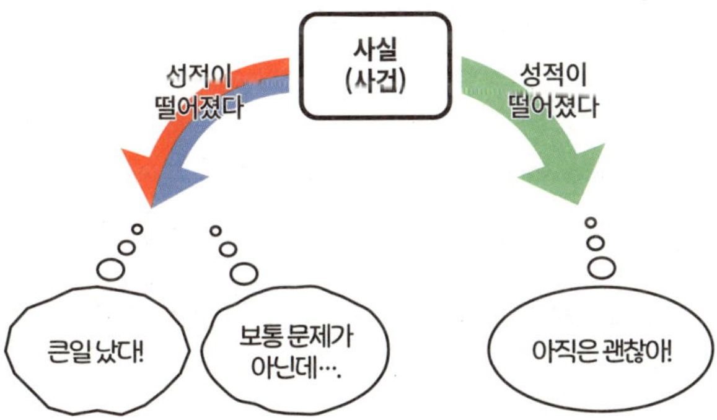

컨디션의 차이

여기서 성적이 떨어진 것이 문제가 아니라, 이 사건에 대해 **문제라고 인식하는 컨디션**이 아버지에게 문제로 느껴지는 것이라고 생각해 보면 어떨까요?

사실 아버지는 그 상황을 심각하게 받아들이지 않았을 수도 있습니다. 하지만 이 책에서는 **'컨디션과 같은 여러 가지 조건들이 그 상황을 문제라고 인식한다'**라고 간주하는 것입니다.

어머니를 간호하느라 고민하는 딸의 다른 사고방식

두 번째 예시에도 적용해 보겠습니다. '어머니가 점점 혼자 밥을 먹거나 목욕을 하기 힘들어졌다'라는 것은 사건(사실)입니다.

딸은 이 사건에 대해 '문제가 심각하고, 증세도 점점 나빠지고 있어 여러 가지 방법을 시도해 봤지만 소용없다'라는 '체험'을 하고 있습니다.

이 예시 역시 어머니가 혼자 밥을 먹거나 목욕을 하지 못하는 것이 문제가 아니라, 그 사건에 대해 '문제라고 느끼는 몸의 상태'가 딸에게 문제로 보이는 것이라고 생각해 보면 어떨까요?

애초에 딸은 절망적인 상황이라고 생각하지 않았을 수도

있지만, 이 책에서는 **컨디션 등 다양한 조건이 한꺼번에 겹치면 그 상황이 절망적으로 느껴진다**고 간주합니다.

'몸의 상태'란?

그렇다면, 첫 번째 예시의 아버지와 두 번째 예시의 딸이 겪은 '몸의 상태'는 어떤 것일까요?

이 책에서는 **당사자의 몸이 언밸런스하기 때문에 사건이 문제로 인식되어 버린다**고 봅니다.

조금 과장된 표현이지만, **몸의 균형이 갖추어져 있지 않으면 세상이 위험하고 부정적으로 보이게 된다**는 것입니다. 반대로, 몸의 균형이 갖추어져 있으면 세상이 안전하고 전혀 문제없이 느껴집니다.

'몸의 불균형'이라는 단어 하나로 간단하게 정리했지만, 그 속에는 수많은 요인이 얽혀 있습니다.

뇌의 상태, 감각기능의 상태, 호르몬의 상태, 내장의 상태, 혈당(또는 영양)의 상태, 에너지의 상태 등 다양한 요인이 있습니다.

이 책에서는 이러한 여러 가지 요인 중에서도 **'자율신경**

의 상태'를 설명합니다. 물론 모든 고민이나 체험을 자율신경만으로 한정하여 말할 수는 없겠지만, 편의상 **자율신경의 측면에서 고민이나 체험을 이해**해 봤으면 좋겠습니다.

즉, **자율신경이 불균형한 상태가 되면 여러 가지 상황을 '문제 있는 사건', '위험한 상황'으로 파악하여 실제로도 그렇게 체험한다**는 것입니다.

몸을 차에 비유해 보겠습니다.

특정 사건을 '문제라고 보는 경우' 혹은 '문제가 아니라고 보는 경우'는 같은 도로여도 '흔들거리는 차에서 상태가 좋지 않은 도로를 달리며 경치를 보고 있는 경우'와 '흔들림 없는 차에서 경치를 보고 있는 경우'와 비슷합니다.

그래서 컨디션이 나쁜 상태에서 세상을 보면 위험한 상황으로 느껴지는 것이지요. 반대로 컨디션이 좋은 상태에서 세상을 보면 세상이 안전한 장소로 느껴집니다.

따라서 이 책에서는 '사건'과 '체험', '나'와 '몸'을 나누어 인식해 보겠습니다.

자율신경이 불균형한 상태를 심리학 용어로 표현하면 '갈등'이 됩니다. 이 책에서는 이와 같은 갈등상태를 '자율신경이 불균형한 상태'로 간주합니다.

3

고민은 곧 갈등하고 있는 상태

갈등이란 무엇일까요?

사전에는 '개인이나 집단 사이에 목표나 이해관계가 달라 서로 적대시하거나 충돌함', ' 두 가지 이상의 상반되는 요구나 욕구, 기회 또는 목표에 직면하였을 때, 선택을 하지 못하고 괴로워함'이라고 기재되어 있습니다. 상반되는 것이 대립하고, 어느 한쪽이 정답이고 정의이며 다른 한쪽은 오답이라는 발상이 전제된 듯합니다.

앞서 가이드북이 잘 맞지 않는 경우를 소개했습니다. 가이드북에 나오는 '올바른 방법'으로 시도해 봐도 잘 풀리지 않는 이유는 '하고 싶지 않아서, '의욕이 없어서', '사실은 그다지 바뀌고 싶지 않아서', '원래 능력이 없어서' 등 본인에게 문제가 있고 성격이 원만하지 않기 때문이라고 결론짓는 사람이 있다는 것도 말씀드렸습니다.

갈등은 좋지 않은 것일까?

하지만 **사람은 누구나 '하고 싶지 않을 때', '동기부여가 되지 않을 때', '굳이 바뀌고 싶지 않을 때', '능력을 충분히 발휘할 수 없을 때'가 있습니다.** 정도의 차이만 있을 뿐 누구나 똑같습니다.

'하고 싶지만 하고 싶지 않다', '하고 싶지 않지만 해보고 싶다', '열심히 하고 싶지만 열심히 하고 싶지 않다', '열심히 하고 싶지 않지만 열심히 하고 싶다'와 같은 갈등은 모두가 경험해 봤으리라 생각합니다.

이런 갈등상태는 누구에게나 일어날 수 있는데, 현장에서 환자들의 고민을 듣다 보면 '갈등하는 것은 좋지 않다'라는 사실에 자주 힘들어하고는 합니다. '하고 싶지만 하기 싫다'처럼 확실하지 않은 태도는 좋지 않다, '할 거면 하고 아니면 말아야 한다'라는 생각이 고민을 더 복잡하게 만드는 것입니다.

아마도 그중 대부분은 갈등하는 상태는 좋지 않다는 말을 어디선가 들은 적이 있겠지요. 그러한 경험이 있으면 갈등을 빨리 해결하려고 하는 것도 어쩌면 당연합니다. 또 갈등하는 상태 자체가 괴롭기 때문에 어느 한쪽으로 확실히 결론을 내리려고 합니다.

그렇게 되면 **'이 갈등상태를 확실히 매듭지어야 고민이 해결된다'라는 생각 때문에 더 힘들어질 수 있습니다.** 명확한 의지가 없으면 문제는 해결되지 않는다고 생각하는 사람이 많은데요.

예를 들어보겠습니다.

"영상을 봤는데, 우울증을 치료하려면 오전에 산책하는 게 좋다고 하더라고요. 그래서 되도록 오전에 산책하려고 하긴 하는데, 생각만큼 잘 안 되네요……. 저는 옛날부터 의지가 약해서 그런지 뭘 해도 끝까지 못 해요. 어떻게 해야 의지가 강해질까요?"라는 질문을 자주 받습니다.

원래는 우울증을 조금이라도 호전시키는 것이 목적이었겠지만, 어느샌가 원인이 '의지가 약한 나'로 바뀌어 '마음을 강하게 먹지 않으면 오전 산책도 할 수 없고, 우울증도 낫지 않을 것이다'라고 믿어버리는 것입니다.

이렇게 되면 '의지가 약해도 우울증은 좋아진다', '꼭 오전에 산책하지 않아도 우울증은 호전된다'라는 가능성에서 멀어지게 됩니다.

더 나아가 '우울증이 나아지지 않아도 행복하게 살 수 있다', '지병이 있어도 평온하게 살 수 있다'라는 가능성도 있습니다.

이처럼 '특정 고민을 해결하려면 갈등하는 나부터 바뀌어야 한다'라는 발상이 자신을 힘들게 하는 경우가 종종 있습니다. 그런데 정말 갈등하는 상태는 문제이고 갈등은 해결해야만 하는 것일까요?

갈등의 정체란?

'바뀌고 싶은데 바뀌고 싶지 않다', '바뀌고 싶지 않지만 바뀌고 싶다', '하기 싫지만 결국에는 하고 만다', '하고 싶은데 브레이크가 걸린다'와 같은 갈등은 왜 생기는 걸까요?

임상심리학에서는 '무의식'이라는 개념을 사용할 때가 있습니다. '무의식적으로 바뀌고 싶지 않은 거죠', '무의식 상태인 본인이 하고 싶어 하는 거죠'와 같이 표현할 수 있습니다.

하지만 이런 표현은 마치 내가 아닌 내가 존재한다는 느낌이 들기도 합니다.

'바뀌고 싶은데 바뀌고 싶지 않다'라는 상태는 모순된 것처럼 느껴지지만, 무의식이라는 개념을 적용해 보면 앞뒤가 맞는 것처럼 느껴집니다. '아, 무의식 상태인 내가 그렇게 생각하는 거구나'라고 고개를 끄덕이며 안심하는 사람도 있습니다. 이해할 수 있다면 전혀 문제가 되지 않습니다. 오히려 무의식이라는 개념이 '나'를 이해하는 데 도움이 되는 것이니까요.

하지만 '무의식이 뭔데? 무서운 거 아니야?'라고 하는 사람도 있고, 무의식이라는 개념 자체만으로 불안해하거나 오히려 더 혼란스러워하는 사람도 있습니다. 무의식을 심층 심리라고 표현하는 사람도 있고, 무언가 심오한 세계 같다고 생각하는 사람도 있습니다.

자, 여기서 **갈등을 무의식이라는 개념보다는 자율신경계의 생리 반응이라고 이해해 보면 어떨까요?** 제 경험상 이렇게 이해하면 심리적으로 안정된다는 분들이 많았습니다.

자율신경은 가상 세계에서 나오는 이야기가 아니라, 우리 인간의 몸속에 실재하는 신경입니다. 의식할 수 없는 부분에서 작용하는 신경이기 때문에, 그야말로 무의식의 영역이라고도 할 수 있습니다. **즉, 갈등상태란 다양한 자율신경이 반응하고 있는 상태라고 생각해 봅시다.** 물론 이것도 갈등상태를 이해하기 위한 사고방식 중 하나일 뿐이지만, 이 책에서는 여기에 초점을 맞춰 자세하게 풀어나가 보려고 합니다.

4

고민을 해결하려면 몸에서 힌트를 얻자

앞에서 갈등상태를 몸(신경)의 반응이 다양하게 일어나고 있는 상태로 생각해 보자고 말씀드렸습니다. 그렇다면 이 생각이 우리의 고민 해결에 어떻게 도움이 될까요?

갈등이 '나의 의지가 강하지 못해서', '나의 멘털이 약해서' 일어난다고 간주한다면, 멘털(마음)을 고치고, 성격이나 인격을 개선하면 고민이 해결된다고 믿기 때문에 무조건 자신의 노력이 뒤따라야 한다고 생각하기 쉽습니다.

하지만 갈등은 몸의 반응이라고 생각하면 몸 상태를 조정하고 컨디션을 회복하는 것이 고민 해결의 지름길이라고 할 수 있습니다. 몸은 마음과 달리 눈으로 볼 수 있고, 실체를 더 쉽게 느낄 수 있기 때문에 해결하기 편하다는 사람도 있습니다.

그러니 여러분의 고민을 호전시키고 싶다면 몸에서 힌트를 얻고 몸을 최대한 활용하세요.

몸에서 고민을 해결할 힌트를 얻자

그렇다면 구체적으로 어떻게 하는 것이 좋을까요?

예를 들어, "저는 가끔 혼자 있고 싶어질 때가 있어요. 사교적인 성격이라고 생각했는데, 가족이나 친구들 없이 온전히 혼자 있고 싶을 때가 있습니다. 사실은 사교적이지도 않은데 아등바등 인간관계를 유지하고 있는 걸까요?"라고 고민하는 사람이 있습니다. 이것도 갈등상태입니다.

'사람들과 어울리고 싶지만 혼자 있고 싶다'라는 말은 언뜻 들으면 모순적이고 일관성이 없습니다. 이러한 고민의 원인으로는 '성격이 바뀌어서', '멘털이 불안정해서', '무의식 상태에서는 사람을 좋아하지 않아서' 등을 들 수 있습니다. 솔직히 무엇이 정답인지는 모릅니다. 그리고 사람에 따라서는 이러한 해석들로 위안을 얻을 수도 있습니다.

이 책에서는 사람과 즐겁게 이야기하고 싶은 몸의 반응이 일어날 때도 있고, 사람과 떨어져 있고 싶은 몸의 반응이 일어날 때도 있다고 간주합니다. 참고로 이런 상태를 이 책에서는 '초록색 신경이 반응할 때도 있고, 파란색 신경이 반응할 때도 있다'라고 표현합니다. 자세한 내용은 앞으로 차근차근 이야기하겠습니다.

몸은 생명을 지키기 위해 다양한 반응을 보입니다. 그 반응은 끊임없이, 연속적으로 일어납니다. 변화하는 환경의 영향을 받아 계속 반응하는 것입니다.

성격이나 인격은 대부분 고정된 것으로 간주합니다. 과장해서 말하면 이러한 사고방식으로는 어떤 환경에 있든 심리 반응은 동일하다고 생각하기 쉽습니다. 이렇게 생각하면 갈등하고 있는 두 가지 상태는 상반되며 모순된 것처럼 보이지요.

하지만 **성격이나 인격을 '쉽게 변하는 몸의 반응'이라고 생각하면 두 가지 상태는 자연스러우며 모순되지 않는 반응으로 파악할 수 있습니다.**

몸은 자연의 산물입니다. 자연현상과 같은 현상이 몸에서도 일어납니다. 예를 들어, 하루 종일 맑은 날도 있고, 맑다가 가끔 흐린 날도 있으며, 해가 떠 있지만 비가 오는 날도 있지요. 자연현상은 복잡하기 때문에 자연스러운 것입니다. 몸의 반응도 마찬가지입니다. **해가 떠 있지만 비가 오는 날도 있듯이, '사람들과 어울리고 싶다'라는 마음과 '혼자 있고 싶다'라는 마음이 동시에 드는 것도 자연스러운 일입니다.**

이 책에서는 이처럼 다양한 말과 행동, 고민을 몸이 보내는 신호 또는 반응으로 파악하고자 합니다. 그리고 자율신경을 이해하면 몸이 보내는 신호를 이해할 수 있습니다. 여러분이 자신의 자율신경을 이해하고 잘 활용했으면 좋겠습니다. 자율신경에 대해서는 다음 장부터 자세히 말씀드리겠습니다.

0장 총정리

- 고민이 더 복잡해지는 이유는 '고민의 원인은 나 자신이다', '나 자신이 문제이기 때문에 고민이 산 넘어 산이다'와 같은 생각을 할 때가 많기 때문이다.
- 가이드북이 올바른 방법이자 정답이라고 생각하기 쉽다. 그래서 잘 풀리지 않으면 내가 잘못했다고 생각할 가능성이 높아져 오히려 고민이 깊어져 버린다.
- 반드시 상황만으로 심각한 문제가 된다고 단언할 수 없다. 상황을 심각하게 받아들이는 컨디션에 문제가 있다고 생각해 보자.
- 성격은 바뀌기 어려우며 고정적이라는 특징이 있고, 생리 반응은 항상 바뀐다는 특징이 있다.
- 고민하고 있는 상태 속에 몸의 반응이나 몸이 보내는 신호가 있는 것은 아닌지 생각해 보자.
- 자율신경을 배우면 몸이 보내는 신호의 힌트를 알 수 있다.

1장

폴리바갈 이론이란?

1

폴리바갈 이론 (다미주신경이론)

0장에서는 ①고민이나 문제의 원인을 나에게서 찾지 않는다, ②매뉴얼이나 모범답안에 집착하지 않는다, ③나의 성격이나 마음(생각이나 감정)을 바꾸려고 애쓰지 않는다는 내용을 소개했습니다.

그렇다면 고민을 해결하기 위해서는 어떻게 해야 할까요? 결론부터 말씀드리자면, **'문제와 나의 거리감을 유지하기 위해 몸의 상태를 조정하는 것'**이 중요합니다.

새로운 자율신경 이론인 **'폴리바갈 이론'**을 바탕으로 그 이유를 설명하겠습니다.

기존 신경 이론과 폴리바갈 이론의 차이점

보통 자율신경은 **'교감신경'**과 **'부교감신경'** 두 가지로 나뉩니다. 각각 '몸을 활성화하는 신경'과 '몸을 이완하는 신경'으로 알려졌지만, 이 책에서 소개하는 폴리바갈 이론은 이 두 가지 자율신경과는 조금 다릅니다.

폴리바갈 이론은 1994년 스티븐 포지스(Stephen Porges) 박사가 발표했습니다. 그 이후로 개정을 거듭하며 현재도 끊임없이 발전하고 있습니다. 기존의 신경 이론과 다른 점은 부교감신경(더 정확히 말하면 '미주신경')을 두 가지로 나누었다는 점입니다.

한국어로 번역하면 '폴리'는 '복수·다중', '바갈'은 '미주신경'이므로, 폴리바갈 이론은 **'다중미주신경이론'**이 됩니다. 미주신경이라는 용어를 처음 접한 분들이 대부분일 텐데요. 미주신경은 부교감신경의 약 80%를 차지하는 신경이기 때문에 용어가 어렵다면 미주신경은 부교감신경과 동일하다고 이해하셔도 됩니다.

정리하면 **폴리바갈 이론은 자율신경계를 세 가지(교감신경과 두 가지의 부교감신경-정확히는 미주신경)로 간주합니다.** 두 가지 부교감신경의 이름은 다음과 같습니다.

세 가지 색으로 나타낸 자율신경

- 배측미주신경복합체
- 복측미주신경복합체

한자어라 어려우실 겁니다. 제가 쉽게 설명해도 이해를 못 하시는 환자분이 많았기 때문에 이 책에서는 자율신경을 세 가지 색으로 나타내 보도록 하겠습니다.

'빨강·파랑·초록'입니다. 보시는 것처럼 귀여운 일러스트로 등장합니다. 그리고 **'몸 상태를 이해하기 위해 세 가지 색으로 표현한 말'을 '폴리어'라고 하겠습니다.** '폴리어'는 제가 운영하는 상담사 양성 온라인 스쿨 동료들과 대화를 나누다가 이름 붙인 용어입니다. 동료들 덕분에 이 책에 '폴리어'를 소개할 수 있게 되었습니다. 또, 이 폴리어 일러스트는 동료 심리상담사인 요쓰바 사와코 씨의 아이디어이기도 합니다.

요쓰바 씨는 어려운 폴리바갈 이론을 일반인도 쉽게 이해할 수 있도록 지금도 끊임없이 연구하고 있습니다. 그중 하나가 『폴리바갈 이론의 교재(그림 세트·조정 세트)』입니다(참고문헌 참조). 이 책이 없었다면 폴리어는 세상에 나오지 못했을 것입니다. 이 자리를 빌려 요쓰바 씨께 다시 한번 감사드립니다. 여러분도 이 교재를 꼭 참고해 보시기 바랍니다.

폴리어 소개

그렇다면 이제 이 책의 키워드인 폴리어를 간단히 소개하겠습니다. 일러스트를 보면 어떤 이미지가 떠오르나요?

빨강은 교감신경으로, 움직이거나 활동할 때 작용하는 신경입니다. 빨강이 강하게 작용할 때는 위험에 처해 '싸우거나 도망쳐야' 할 때입니다. '액셀' 신경이라고도 불리며, 이 신경이 활발한 상태는 '능동적인 상태'라고도 합니다.

파랑은 배측미주신경복합체로, 멈추고 쉴 때 작용하는 신

'빨강', '파랑', '초록' 모두 자극을 받으면 나타나는 생리 반응

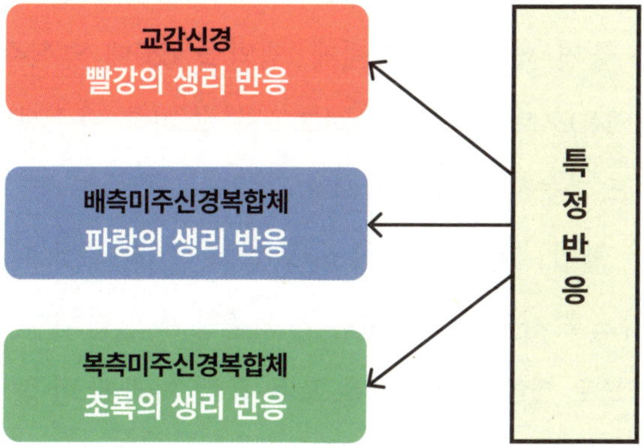

경입니다. 파랑이 강하게 작용할 때는 생명의 위험에 맞닥뜨려 '몸이 굳어 동작을 멈춰야 할 때'입니다. '브레이크' 신경이라고도 불리며, 이 신경이 활발한 상태는 '수동적인 상태'라고도 합니다.

초록은 복측미주신경복합체로, 안전한 장소에 있거나 마음을 놓을 수 있을 때 작용하는 신경입니다. 액셀과 브레이크를 조정하는 '튜닝' 신경이라고도 합니다. 파랑과 같은 부교감신경의 구성 요소이므로 브레이크 기능도 하지만 파랑보다 '부드러운 브레이크'라고 표현할 수 있지요. 참고로 초록과 비교하면 파랑은 '급브레이크'라고 할 수 있습니다.

이 세 가지 자율신경은 여러분의 의지나 생각과는 상관없이 자동으로, 자율적으로, 독립적으로 작용합니다.

예를 들면 제가 여러분에게 '맥박을 120에 맞춰주세요', '맥박을 140으로 유지하면서 '꼬르륵' 소리를 내주세요'라고 요청해도 가능할 리가 없겠지요.

맥박, 혈압, 위(胃)의 움직임 등은 특정 '자극'에 자동으로 '반응'하므로 사람의 의지로는 컨트롤할 수 없습니다.

그러므로 **빨강, 파랑, 초록 모두 특정 자극에 반응하는 생리 반응이라고 이해하시면 됩니다.** 생리 반응이므로 성격이나 인격과는 다릅니다. 이제부터는 이 세 가지 색을 더 자세히 알아보겠습니다.

2

빨강 신경
(교감신경)

빨강 일러스트를 통해 빨강 신경이 작용할 때 일어나는 생리 반응과 몸의 반응을 살펴보겠습니다.

우리 인간을 비롯한 동물에게는 싸우거나 도망칠 때, 또는 무언가에 집중해서 열심히 할 때 다음과 같이 몸에서 자동으로 일어나는 반응들이 있습니다. 이러한 반응이 무조건 일어난다는 의미는 아니니 참고해 주시면 좋겠습니다.

빨강 신경이 작용할 때 일어나는 반응

눈꼬리가 치켜 올라가며 눈빛이 매서워집니다. 동공이 열리고, 위험에 대처하기 위해 주변 정보를 얻습니다. 눈은 적 또는 위험물을 발견하거나 도망칠 장소를 찾기 위해 움직이고, 그 외에는 눈에 들어오지 않게 되며 주의가 산만해집니다(이 책에서는 시야 협착도 심리 반응이 아닌 생리 반응으로 간주합니다).

위험에 대처하는 데 필요 없는 정보는 눈에 들어오지 않습니다. 미간에 주름이 지고 이를 악물게 됩니다. 이를 악물면 혀의 양 끝에 치아 자국이 남기도 합니다.

입안은 쉽게 마르고 끈적한 침이 나오기도 합니다. 턱에는 힘이 들어가 입을 벌리기가 어려워집니다. 얼굴이 빨개지고, 열이 나거나 화끈거리기도 합니다. 어깨나 팔에도 힘이 들어가고 손은 나도 모르게 주먹을 쥐게 됩니다. 손가락질할 때도 많아집니다.

심장은 빨리 뛰고 간혹 두근거림이 나타나기도 합니다. 맥박의 속도가 느껴지고 혈관이 도드라져 보입니다. 호흡도 얕고 빠르게 변합니다. 혈관이나 호흡에 변화가 일어나는 이유는 산소나 영양소를 빨리 순환시켜야 하기 때문입니다. 숨은 내쉴 때보다 힘차게 들이마실 때가 많고, 입호흡을 주로 하게 됩니다.

싸우고 있을 때는 밥을 먹을 만한 상황도 아닙니다. 위장의 움직임이 억제되어 무엇인가를 먹고 싶다는 생각이 들지 않기 때문에 의무적으로 먹기도 합니다. 마찬가지로 배설을 하기도 어렵습니다. 배변 욕구를 잘 느끼지 못하고 배변의 기회가 있더라도 놓치거나 참기 때문에 쉽게 변비에 걸립니다.

손바닥이나 발바닥에도 땀이 나며 싸우기 위해 물건을 잡거나 빨리 움직일 수 있도록 손발이 대기 상태에 들어갑니다.

온몸의 근육이 긴장 상태로 어떻게든 움직여보려고 노력합니다. 상당한 에너지가 필요한 상태이기 때문에 음식 이외에서도 에너지를 얻고자 간과 근육에서도 영양소를 분해해서 에너지를 만들어냅니다.

빨강 생리 반응이 일어나면 감정은 어떻게 될까?

이러한 반응이 여러분의 몸에서 일어나고 있다고 상상해 봅시다. 어떤 기분이나 감정이 드나요?

걱정, 불안, 공포, 초조, 동요, 패닉처럼 뒤숭숭한 기분이 느껴지고, 도망치고 싶은 감정이 들 수 있습니다. 혹은 불쾌함, 언짢음, 분노, 분개, 원망, 증오처럼 싸우고 싶은 감정이 일어나기도 합니다.

이러한 감각이나 감정이 계속되면 어떤 말이 나오고, 어떤 생각이 드나요?

'어떻게 해야 하지?', '뭐가 맞는 거야?', '큰일 났다', '도망치고 싶어', '떨어져 있으면 좋겠어', '실수하면 안 돼', '틀렸어', '빨리빨리 처리해야 해', '왜 이렇게 된 거지?', '미치겠네'와 같은 말이나 생각이 자연스레 떠오르겠지요.

'맞다-틀리다', '정상이다-비정상이다', '좋다-나쁘다'라는 판단이 자동으로 내려집니다.

반대로 말하면, 이런 감정이나 생각이 자주 든다는 것은 빨강 신경이 활발한 상태라고 생각하면 됩니다. '싸우거나 도망치는 데 도움이 되는 생각'이라고도 표현할 수 있습니다. 몸과 마음은 연결되어 있기에 함께 반응하고 있는 것입니다. 이 책에서는 이 부분을 중요하게 다룹니다.

빨강 상태를 나타낼 때 '머리의 피가 거꾸로 솟는다', '부아가 치민다', '입을 삐쭉 내민다', '핏대를 세운다'처럼 몸 일부와 관련된 표현을 사용하기도 합니다. 이러한 표현에서도 알 수 있듯이 마음의 움직임은 몸의 반응과 밀접하게 관련되어 있습니다.

스트레스를 받거나 위험한 상황에 처하면 사람(동물)의 몸은 움직여서 안전을 확보하고, 근육을 움직여 에너지를 발산하며 본능에 충실합니다. 그래서 움직임으로써 안전을 확보하고, 에너지가 적절히 발산되면 안정을 찾는 것입니다. 운동이 건강에 좋은 이유도 바로 이 때문입니다.

3

파랑 신경 (배측미주신경복합체)

이번에는 파랑 일러스트를 통해 파랑 신경이 작용할 때 일어나는 생리 반응과 몸의 반응을 살펴보겠습니다. 빨강과 마찬가지로 여기에서 언급된 반응이 반드시 일어난다는 의미는 아니니 참고해 주시면 좋겠습니다.

사람을 비롯한 동물은 빨강 상태가 지속되면 (싸움이 끝없이 이어지거나 무엇인가에 계속 에너지를 쓸 때) 에너지가 소진되어 파랑 신경이 브레이크를 겁니다. 그러면 다음과 같은 몸의 반응이 일어납니다.

혹은, 빨강 신경을 사용해서 활동할 수 없을 정도로 (몸이 도망갈 수 없다고 판단할 정도로) 생명이 위험한 상황에 놓일 때

파랑 신경이 브레이크를 걸면 다음과 같은 몸의 반응이 일어납니다.

파랑 신경이 작용할 때 일어나는 반응

파랑이 작용하면 몸 전체가 멈추기 시작합니다. 몸이 늘어지고, 무거워지며, 움직이기 힘들어집니다. 힘이 잘 들어가지 않고 쉽게 피로해집니다. 외부 정보를 받아들일 여유가 없어지거나 받아들이고 싶은 의욕이 사라집니다.

정보뿐만 아니라 빛이나 소리, 사람과도 접촉하기를 꺼리며, 식욕도 떨어집니다. 외부와의 접촉을 차단하고 혼자 있고 싶어집니다.

빛이 유난히 눈부시다고 느껴지고, 주위를 보고 싶다는 생각이 들지 않습니다. 소리도 그다지 듣고 싶지 않습니다. TV 방송이나 음악은 소음일 뿐입니다. 무엇을 먹어도 맛을 느끼지 못하고, 맛있다는 생각이 들지 않습니다. 후각이나 촉감을 포함한 오감이 둔해집니다.

호흡도 느려지며 얕아집니다. 혈압도 내려가고, 맥박도 느려집니다. 움직이는 속도가 전체적으로 느려지고, 평소에 하던 일도 시간이 오래 걸립니다.

파랑 생리 반응이 일어나면 감정은 어떻게 될까?

이렇게 몸을 움직이기조차 힘든 생리 반응이 여러분의 몸에서 일어나고 있다고 상상해 봅시다. 어떤 기분이나 감정이 드나요?

우울, 슬픔, 포기, 막막함, 수치심, 열등감, 죄책감, 무력감, 무감정한 느낌이 들고, 사라지고 싶다, 죽고 싶다는 생각이 떠오르기도 하고 자동으로 브레이크가 걸린 듯한 감정이 들 것입니다. 몸이 멈추기 위해 필요한 감정이라고도 표현할 수 있습니다.

이러한 감각이나 감정을 느끼면 어떤 말이 나오고, 어떤 생각이 드나요?

무의식적으로 '어차피 해도 안 돼', '됐어', '끝났어', '그만 하고 싶다', '쉬고 싶다', '그냥 놔둬', '어떻게 되든 상관없어', '안 만날래', '머리가 안 돌아가', '잘 모르겠다', '건드리지 마', '혼자 있고 싶어'라는 말이나 생각이 떠오르겠지요.

이러한 말이나 생각은 스트레스의 원인으로부터 한 발짝 떨어져 혼자 있는 시간을 갖고, 활동 레벨을 낮춰 충전하는 데 목적이 있다고 할 수 있습니다.

흔히 '부정적 사고'라고 불리지만, 몸이 파랑인 경우에는 의도하지 않아도 이러한 생각이 자동으로 떠오르므로 부정적인 성격이라고 결론짓는 것은 바람직하지 않습니다.

앞서 언급한 감정이나 생각이 들 때는 파랑 신경이 작용하고 있다고 이해하면 됩니다. 몸과 마음은 연결되어 있기에 함께 반응하고 있는 것입니다.

파랑 상태를 나타낼 때 '고개를 떨군다', '눈 딱 감다', '안색이 좋지 않다', '간 떨어진다', '발길이 내키지 않는다' 등 몸 일부와 관련된 표현을 사용하기도 합니다.

빨강 신경으로 대처할 수 없는 상황에 맞닥뜨리면 수동적으로 변하며, 가만히 멈춰서 이 상황이 좋아지거나 아니면 안전해지기를 기다리는 파랑 생리 반응이 일어나는 것입니다. 그리고 드디어 안전해졌다고 인식하게 되면 그다음 신경인 초록 신경이 반응하기 시작합니다.

4

초록 신경 (복측미주신경복합체)

마지막으로 초록 일러스트를 보겠습니다. 활짝 웃고 있어 편안한 분위기가 느껴지네요. 이런 표정이면 주위 사람들이나 동물도 이유 없이 자연스레 초록에게 다가가고 싶어질 것 같습니다.

인간을 비롯한 포유류는 무리를 지어 생활하고 있습니다. 초록 신경은 이렇듯 무리를 지을 때 중요한 신경으로 알려져 있습니다. 무리와 함께 있는 감각을 느끼면 안전하다고 생각하여 마음을 놓게 됩니다. 이처럼 초록 신경이 작용할 때 나오는 생리 반응과 몸의 반응을 소개해 보겠습니다.

초록의 생리 반응은 상대방에게도 안정감을 줄 가능성이

높은 몸 상태입니다.

초록 신경이 작용할 때 일어나는 반응

맥박이나 혈압은 높지도, 낮지도 않습니다. 호흡의 빠르기는 빠르지도, 느리지도 않으며, 호흡의 깊이는 얕지도, 깊지도 않습니다.

근육은 긴장해서 힘이 들어가 있는 느낌은 아니지만, 그렇다고 너무 힘이 빠져 있는 느낌도 아닙니다. 말하는 속도나 동작의 빠르기도 알맞고, 표정은 눈매가 부드러우며 눈꼬리가 내려간 상태로, 입꼬리가 올라가 웃는 얼굴에 가깝습니다. 목소리의 높이는 날카로운 고음도, 위협이 될 만한 굵은 저음도 아닌 적당한 높이입니다.
이 '적당하다'라는 표현은 상대방이 안심할 수 있는 정도를 의미합니다. '사람이 안정감을 느끼는 비언어적 표현이 자연스럽게 표출되고 있다'라고도 말할 수 있습니다.

초록 생리 반응이 일어나면 감정은 어떻게 될까?

이러한 신체 반응이 나타날 때, 우리는 어떤 감정이나 기분을 느끼게 될까요?

안도감, 안전감, 신뢰감, 편안함, 평화로움, 사랑스러움, 따뜻함, 호기심, 기쁨, 상쾌함, 감동스러움, 동료애, 일체감, 자랑스러움과 같은 감정이 들겠지요.

이러한 감각이나 감정이 계속되면 어떤 말이 나오고, 어떤 생각이 드나요?

'항상 고마워', '네 덕분이야', '만나서 기뻐', '나는 운이 좋은 것 같아', '잘했어', '대단해, 감동이야', '같이 하자', '내 일처럼 기뻐', '(양자택일이 아닌) 그것도 좋고, 이것도 좋고', '흐름대로 가자', '맡겨보자', '잘되겠지', '우린 뭔가 느낌이 좋아'와 같은 말이나 사고방식이 자연스럽게 떠오릅니다.

이러한 생각이나 감정이 들 때는 초록 신경이 작용하고 있다고 할 수 있습니다. 몸과 마음은 연결되어 있기에 함께 반응하고 있는 것입니다.

초록 상태를 나타낼 때 '눈웃음을 짓는다', '눈살을 편다', '온화한 얼굴', '호흡이 맞는다', '입이 달다', '어깨가 으쓱해진다', '코가 땅에 닿는다', '가슴에 와닿는다', '마음이 설렌다', '마음을 연다' 등 몸 일부와 관련된 표현을 사용하기도 합니다.

이상으로 폴리어를 사용하여 3색 캐릭터를 소개해 드렸습니다. 폴리어에서는 3색 신경이 24시간 365일 다양한 밸런스로 작용하여 우리의 생명을 지켜주고 있다고 봅니다.

5

고민하는 모습을 폴리어로 표현하기

0장에서 인간의 3대 고민인 '인간관계', '건강', '돈'을 소개해 드렸습니다. 이 3대 고민을 세 가지 자율신경의 관점에서 본다면 어떻게 표현할 수 있을까요?

고민할 때는 대부분 걱정 때문에 불안정한 상태로, 올바른 대답을 계속 찾아 헤매면서 흥분하거나 초조해하고 있는 상태입니다. 이러한 상태는 폴리어로 말하자면 몸이 빨강이 되어 활발한 상태라고 할 수 있습니다. 마음이 이상해서가 아니라, 신경계가 들떠 있어서입니다.

또, 고민에 빠졌을 때는 우울함, 슬픔, 부끄러움 때문에 의욕이 생기지 않고 사람들과도 이야기하고 싶지 않은 상태입니다. 폴리어로 말하자면 몸이 파랑이 되어 에너지가 낮은 상태라고 할 수 있습니다. 마음이 이상한 것이 아니라, 신경계가 가라앉은 상태인 것입니다.

즉, 고민에 잠겼을 때는 사람의 몸이 빨강 혹은 파랑으로 바뀔 가능성이 높다고 생각하면 됩니다. 더 정확히 말하면 자율신경이 빨강이나 파랑이 되어 있을 때는 마음 역시 빨강이나 파랑이 되어 있다는 의미입니다.

0장에서 갈등에 대해서도 설명했습니다. 예를 들어 '초조하긴 하지만 무언가 하고 싶지는 않다', '의욕이 없는데 흥분해서 안정되지 않는다'라고 하는 상태는 언뜻 보기에는 모순처럼 느껴지기도 합니다. 하지만 자율신경의 관점에서는 빨강과 파랑이 동시에 반응하면 이러한 상태가 가능하기는 합니다.

이렇게 고민할 때의 마음만 분석하는 데에 그치지 않고, 세 가지 색으로 나타내어 내 몸 상태를 관찰하고 이해하는 것이 중요합니다.

빨강과 파랑은 그대로 두고 초록을 활용하는 생활하기

이제 이 책에서 여러분께 꼭 소개하고 싶은 키워드를 공개하겠습니다. 바로, '빨강과 파랑은 그대로 두고, 초록을 활용하는 생활하기'입니다.

이 책에서는 '빨강과 파랑을 무리하게 바꾸기보다는 몸을 가다듬고 나서 문제를 해결한다'라는 사고법을 중요하게 다룹니다. 몸을 가다듬는 방법에 대한 힌트는 폴리바갈 이론에서 얻을 수 있습니다. 폴리어로 설명하면, **고민을 해결하기 전에 먼저 몸을 초록으로 바꾸는 작업을 하고, 그 작업을 습관화하기**를 추천합니다.

'마음 정돈하기'와 '몸 정돈하기'

'몸을 정돈하는 방법'에 대해서는 4장에서 자세히 설명하겠지만, 여기서는 '마음 정돈하기'와 '몸 정돈하기'에 대해 간단히 소개합니다.

마음에는 다양한 정의가 있지만, 이 책에서는 생각이나

기분으로 간주하겠습니다. 즉, '마음 정돈하기'란, '생각을 정리하고', '기분을 정리하는' 것입니다.

마음 정돈하기뿐만 아니라 마음 바꾸기가 중요하다는 사람도 있습니다. 그렇다면, 마음 바꾸기는 어떻게 하면 될까요?

일반적으로는 부정적인 생각을 긍정적인 생각으로 바꾸는 것입니다. 즉, 좋은 경험이 되었다며 생각 전환하기, 장점에 주목하기, 잊어버리기, 인지 왜곡을 인지하고 수정하기, 원인 생각하기, 이유를 생각하여 정리하기, 장단점 분석해보기 등을 예로 들 수 있습니다. 0장에서 소개한 가이드북의 사고방식과 비슷합니다.

그리고 몸을 정돈한다는 것은 생각이나 감정보다는 컨디션을 정돈하는 일입니다. 몸은 다양한 부위로 이루어져 있으므로 어디를 정돈하든 상관없습니다.

예를 들면 근육을 이완시키거나 움직이기, 눈이나 목을 촉촉하게 하기, 더러워진 부분을 깨끗하게 씻기, 배가 고프다면 무엇이든 먹기, 호흡 가다듬기, 발바닥 마사지하기 등입니다.

이 책에서 '마음과 몸' 모두의 정돈을 중요하게 생각하는 이유는 제가 정신건강의학과에서 쌓아온 임상경험의 영향

때문입니다.

제가 매일 만나는 분 중에서도 특히 고민이 많은 분들은 '생각을 바꾸고 싶어도 바뀌지 않는다', '마음을 다스리려고 해도 잘 되지 않는다'라며 힘들어합니다.

대부분 내 마음에 문제가 있기 때문에 마음을 바꾸지 않으면 고민은 해결되지 않는다고 생각합니다. 이러한 생각은 다양한 사회적 요인이나 인간관계의 영향에서 비롯됩니다.

이러한 임상경험을 바탕으로, 저는 마음(기분이나 사고방식)을 바꿔야 한다는 부담을 덜 수 있도록 몸을 가다듬는 방법을 추천합니다.

서양에서는 마음과 몸을 별개로 생각하는 사고방식이 주류이지만, 동양에서는 대부분 마음과 몸은 하나라고 봅니다. 참고로 말씀드리자면, 마음과 몸을 별개로 생각하는 것이 좋지 않다고 보지는 않습니다. 다만, 이러한 사고방식은 뜻대로 되지 않을 수도 있기 때문에 다른 방법을 제안해 드리는 것입니다.

동양적 사고방식인 **'마음과 몸은 하나'의 키워드가 되는 신체 부위가 '자율신경'입니다. 즉, 저는 '자율신경의 균형을 가다듬는 것'이 곧 '마음과 몸을 가다듬는 것'이라고 생각합니다.**

그럼 2장부터 고민 해결에 도움이 되는 열쇠이자 폴리바갈 이론에서 힌트를 얻은 '폴리어'에 대해 더 자세히 설명하겠습니다.

1장 총정리

- 폴리바갈 이론은 교감신경(빨강), 배측미주신경복합체(파랑), 복측미주신경복합체(초록)의 세 종류로 자율신경을 파악한다.
- 폴리어는 폴리바갈 이론을 이해하기 쉽게, 사용하기 쉽게, 전달하기 쉽게 하고자 고안해 낸 장치이다.
- 빨강은 액셀 기능, 파랑은 브레이크 기능, 초록은 이 두 가지 색을 균형 있게 조정해 주기 위한 튜닝 기능(부드러운 브레이크)으로 본다.
- 자율신경의 반응은 본인의 의지와 상관없이 작용하며, 마음과 몸은 하나가 되어 세 종류의 방법으로 반응한다.
- 마음에만 주목하지 말고, 마음과 몸 모두 주목해 본다.

2장

3색을 더 깊이 있게 이해하기

1

자율신경의 세 가지 반응

이제 자율신경이나 폴리어에 흥미가 조금 생기셨나요?

폴리어에서는 자율신경은 세 가지 색으로 반응한다고 간주합니다. 그리고 자율신경은 특정 자극에 반사되는 생리 반응이라고 생각합니다.

꽃가루가 코에 들어가면 재채기나 콧물이 나오면서 꽃가루를 배출하려는 생리 반응이 일어납니다. 상한 음식을 먹으면 이물질을 몸 밖으로 내보내기 위해 구토나 설사 같은 생리 반응이 일어납니다. 이렇듯 생리 반응은 자율신경의 영향을 받습니다.

마찬가지로 '특정 자극'을 받으면 빨강이 반응하고, 또 다른 '특정 자극'을 받으면 파랑이 반응하고, 또 다른 '특정 자극'을 받으면 초록이 반응한다고 기억해 두시면 됩니다.

물론 이렇게 단순하지는 않지만, 자율신경을 처음 접하시는 분들은 이렇게 기억해 두셔도 좋습니다. 나의 빨강은 무엇에 반응하는지, 나의 파랑은 무엇에 반응하는지, 나의 초록은 무엇에 반응하는지 생각해 보시기 바랍니다.

2

빨강 이해하기

빨강을 이해하기 위해 '자극과 반응'을 세트로 파악하는 연습을 해봅시다.

일반적으로는 '몸(신경)이 위험을 감지하면 빨강이 반응한다'라고 생각합니다. 굉음, 위협하는 목소리나 표정, 싸우려는 태도를 보이는 사람이나 동물, 예상외의 사건 등을 마주해서 위험하다고 느낄 때 몸은 순식간에 빨강으로 변합니다. 빨강은 위험으로부터 중요한 무엇인가를 지키기 위해 작용하고 있는 것입니다.

자신의 몸과 마음이 상처받지 않도록, 자신이 소중하게 생각하는 사람이 상처받지 않도록, 지금까지 자신이 해온 노력이 부정당하지 않도록, 자신의 중요한 생각이 비판받지 않도록, 소중히 여기고 있는 가치 감각이 비난받지 않도록, 소중하게 여기는 문화가 무너지지 않도록, 자신의 자존심을 지키기 위해서 빨강이 작용합니다.

반대로 말하면, 여러분의 몸이 빨강으로 반응했을 때는 중요한 무언가가 상처받고, 부정당하고, 비판받는 상황을 몸이 감지한 것입니다. 중요한 무언가를 지키기 위해 한시라도 빨리 자세를 잡고 싸울지, 도망칠지, 경계할지를 몸이 느꼈다고 할 수 있습니다.

빨강을 이해하는 방법을 정리하면 다음과 같습니다.

1. 지금 발생하고 있는 생리·심리 반응으로부터 빨강이 반응하고 있다는 사실을 인지한다(반응에 대한 자세한 설명은 1장을 참고해 주시기 바랍니다).
2. 어떤 '자극'에 반응하고 있는지를 이해하고, 그 자극으로부터 거리를 두려는 빨강의 의도를 파악해 본다.
3. 빨강은 무엇으로부터 무엇을 보호하고 싶었을지 헤아려 본다.

이렇게 실천하다 보면 여러분의 빨강을 더욱 이해할 수 있을 것입니다. 빨강과 가까워지려면 꼭 그때 반응한 빨강을 이해하도록 노력해 보시기 바랍니다.

빨강이 반응하는 때를 알아두자

그렇다면 언제 빨강이 반응하는지, 또 이 경우 폴리어로는 어떻게 표현하는지 예시를 들어보겠습니다.

"아버지가 혀를 차는 모습을 보니 심장이 두근거려서 방에서 나와버렸어요."라는 분이 있었습니다. 이 경우, '아버지가 혀를 차는 모습에 자극받아 몸이 빨강으로 변해서 그 자리를 피했다'라고 표현합니다.

또, "지인 두 명이 재미있는 듯 이쪽을 힐끗힐끗 쳐다보면서 수다를 떨고 있었는데 아무래도 나를 비웃는 것 같았어요. 그 자리에 있는 내내 실수하지 말아야겠다고 다짐했어요."라고 하는 분이 있었습니다. 이 경우는 '웃고 있는 지인의 모습에 자극받아 몸이 빨강으로 변했다'라고 표현합니다.

"선생님께 '너는 성적이 좋지 않으니 나머지공부를 해야 한다'라는 메일을 받은 그날 밤에는 좀처럼 잠이 오지 않았

어요."라는 분이 있었습니다. 이 경우, '성적이 좋지 않다는 메일에 자극받아 몸이 빨강으로 변했다'라고 표현합니다.

여기서 예로 든 경우는 일단 아버지·지인·선생님께 받은 반응으로부터 일단 거리를 두어서 몸이 지나치게 빨강으로 반응하는 것을 막는 것이 '몸을 조정하는 첫 번째 방법'이라고 생각해 볼 수 있습니다.

'겨우 이 정도로 안절부절못하는 이유는 내 멘탈이 약해서다', '비웃든 말든 신경 안 쓰면 되니까 긍정적으로 생각하자'라고 생각할 수도 있겠지만, 폴리어에서는 자극이 있었기 때문에 생리적인 반응이 일어났을 뿐이라고 파악합니다.

더 나아가 아버지·지인·선생님께 받은 반응이라는 자극으로부터 무엇을 지키고 싶었는지 상상해 보는 것도 중요합니다. 아마도 내 몸의 안전, 안심하고 싶은 마음, 사람들과 사이좋게 지내고 싶은 마음을 지키고 싶었을 것입니다.

폴리어는 여러분이 그렇게 생각해서라기보다는, 지키고자 하는 것을 몸이 반사적으로 보호할 뿐이라고 간주합니다.

빨강은 '문지기'

한 환자분이 "제 빨강은 문지기 같아요."라고 말씀한 적이 있었습니다. 빨강은 중요한 무언가를 외부의 적이나 이물질로부터 지키기 위해 작용하므로, '문지기'라는 이미지를 떠올린 듯합니다. 또는 '불을 끄는 소방관', '순찰대', '경찰관', '구조대'라는 이미지를 떠올리는 사람도 있습니다.

새끼 고양이를 지키는 어미 고양이는 빨강이 되고, 세력 범위를 침범당하기 일보 직전인 사자도 빨강이 되어 싸웁니다. 아이를 지키는 부모도, 제자를 지키는 선생님도, 목숨을 잃지 않도록 최선을 다하는 의료진도, 아끼는 직원을 지키려는 사장님도, 괴롭힘을 당했을 때 반격하는 사람도, 피곤한 상태에서 다른 사람에게 싫은 소리를 들었을 때 오히려 더 화를 내는 사람 모두 빨강 반응이 나오는 것은 자연스러운 일입니다.

폴리어에서는 빨강을 소중한 무언가를 지키려는 중요한 생리 반응(자연스러운 반응)이라고 파악합니다.

지금 소개해 드린 자극은 외부에 있는 것, 즉 **'외적 자극'** 입니다. 자율신경은 이러한 외적 자극에 반응하지만, **'내적 자극'**에도 반응합니다. 내적 자극이란 몸이나 마음의 상태, 즉 몸이나 마음의 컨디션을 말합니다.

예를 들면 배가 고파서 예민해질 때도 있고, 허리가 아파서 신경이 곤두설 때도 있습니다. 불쾌한 일을 떠올리다 보면 심란할 때도 있으며, 즐거운 일을 생각하다 보면 설렐 때도 있습니다. 이렇게 내적 자극이 계기가 되어 3색이 반응할 수도 있다는 점을 알아둡시다.

빨강이 반응하는 자극은 '인간관계'뿐만이 아니다

중요한 사실을 한 가지 더 알려드리겠습니다. 빨강이 반응하는 자극은 인간관계뿐만이 아닙니다. 자율신경은 다양한 것들로부터 몸을 지킵니다. 예를 들어 소리나 빛, 온도차나 기압 등으로부터도 몸을 지키고 있습니다. 또는 환경오염물질과 같은 독성물질도 몸에게는 이질적인 자극입니다.

음식이나 음료의 관점에서 보면, 사람에 따라서는 알코올, 인공감미료, 보존료 등도 이물질로 판단되어 빨강이 반응하기도 합니다(원래는 몸의 메커니즘이 더 섬세하게 반응하지만, 여기에서는 간략하게 소개합니다). 따라서 카페인을 섭취하면 몸이 쉽게 빨강으로 변한다고 알려져 있습니다. 에너지드링크나 커피를 매일 마시는 행위는 사실상 빨강이 되도록 자처하는 것과 다름없습니다.

이렇게 외부 자극이나 내부(몸이나 마음의 컨디션) 자극이 계기가 되어 '빨강이 반응하는' 특징이 있다는 점을 기억해 두시기 바랍니다.

이제 빨강의 중요한 역할이나 목적을 이해하셨나요? 여러분의 신경이 빨강이 된 비하인드 스토리, 여러분은 어떻게 느끼셨나요?

여러분이 짜증이 나거나 도망치고 싶다는 생각이 드는 이유는 성격이나 멘털의 문제가 아니라, 자율신경의 빨강이 반응하고 있기 때문입니다. 그리고 생각과 감정을 중요한 무엇인가를 지키려고 하는 생리현상으로 받아들이고, 빨강에 대해 조금이나마 애정이나 감사함을 느낀다면 그 자체로 충분합니다.

여러분의 빨강에게 "문지기님, 소방관님, 경찰관님, 구조대원님, 저에게 소중한 것을 지켜주셔서 감사합니다."라고 전해봅시다. 빨강의 의도가 느껴진다면 여러분과 몸은 서로 소통하며 한 팀을 이루었다고 볼 수 있습니다. 자율신경과 더불어 살아가는 삶이지요.

빨강에 대해 빨강이나 파랑으로 지나치게 반응하지 않기

빨강 신경이 반응하고 있는 상태에서는 타인에게 미움받기 쉽습니다.

짜증을 내고, 싸우려는 태도를 보이고, 초조해하고, 서두르는 사람이 가까이에 있으면 어떨까요? 아마 부정적인 생각이 들겠지요.

빨강 신경은 타인에게 미움받기 쉬우므로 자신의 빨강을 어떻게든 바꾸려고 노력하거나(빨강), 그런 자신을 한심하다고 생각하는(파랑) 사람도 있습니다. '짜증 내는 내가 싫다',

'쉽게 긴장하는 내가 한심하다', '바로 흥분해 버리는 내가 이상하다'라며 고민을 털어놓는 분이 많습니다.

빨강인 사람을 만나면 나 자신도 빨강으로 변하게 됩니다. 지극히 자연스러운 현상입니다. 그리고 스스로가 빨강이 되어 있다는 사실을 알면 더욱더 빨강으로 반응하게 되는 것도 자연스러운 현상입니다.

여기서 중요한 점은, **내 안의 빨강에 지나치게 빨강으로 반응하지 않도록 하고, 내 안의 빨강을 초록의 안정감으로 감싸주며, 빨강이 되는 것은 당연하다며 초록의 시선으로 덮어주는** 자세입니다.

구체적으로는 **'짜증이 나는 이유는 내 몸에 있는 빨강이 반응했기 때문이겠지. 나도 이런 내가 마음에 들지 않지만, 생리 반응이기도 하고 생명을 지키려는 몸의 반응인데 어쩌겠어. 지켜준다는데 감사해야지'**라고 생각해 보는 것은 어떨까요?

이 책의 키워드인 '빨강은 그대로'는 이런 의미입니다. 조금씩이라도 좋으니 여러분의 빨강을 이해하고, 빨강과 더불어 사는 법을 찾아보시기 바랍니다.

3

파랑 이해하기

이번에는 파랑을 이해하기 위해 '자극과 반응'을 세트로 파악하는 연습을 해봅시다.

몸이 파랑으로 반응할 때는 빨강 상태에서 순조롭게 진행되지 않는 자극과 만났을 때입니다. 여기에는 두 가지 유형이 있습니다.

첫 번째는 빨강 상태로 열심히, 계속해서 노력했지만 잘 풀리지 않을 때입니다. 고군분투한 후 피곤이 몰려온 상태입니다. 두 번째는 빨강으로 대처할 수도 없을 정도의 위험(생명의 위기)에 맞닥뜨렸을 때입니다.

자연재해, 범죄, 폭언, 폭동에 휘말렸을 때는 싸우거나 도망칠 새도 없이 몸이 파랑으로 반응해야겠다고 판단하기도 합니다. 빨강 상태로는 순조롭게 진행되지 않을 것 같다고 판단했을 때 파랑의 힘을 빌리는 것입니다.

빨강은 움직이면서 중요한 것을 지킨다는 특징이 있지만, 파랑은 움직이지 않고도 중요한 것을 지킨다는 특징이 있습니다. 여기서 중요한 것은 자신의 생명 그 자체라고 말해도 과언이 아닙니다. 여러분이 아무리 타인을 중요하게 생각한다고 해도, 중요한 일 또는 행사가 있다고 해도, 몸이나 신경은 당신의 생명을 최우선으로 생각하도록 만들어져 있습니다. 파랑 반응이 나올 때는 파랑이 우리에게 '지금의 컨디션으로는 당신의 생명이 위험하니 멈춰라', '잠깐 멈춰서 무엇이 중요한지 생각해라'라고 말하고 있다고 해석하는 것이 좋습니다. 그러면 파랑과 더 가까워져 파랑을 더욱 이해할 수 있을 것입니다.

파랑을 이해하기 위한 방법을 정리해 보겠습니다.

1. 지금 발생하고 있는 생리·심리 반응으로부터 파랑이 반응하고 있다는 사실을 인지한다(반응에 대한 자세한 설명은 1장을 참고해 주시기 바랍니다).
2. 몸이 빨강(활동이나 싸움) 상태로는 순조롭게 진행되지 않

을 것 같다고 판단했다는 사실을 이해한다.

③ '일단 지금은 멈춰서 몸을 재정비했으면 좋겠다'라는 파랑의 의도를 헤아려본다.

이렇게 실천하다 보면 여러분의 파랑을 더욱 이해할 수 있을 것입니다. 파랑과 가까워지려면 꼭 그때 반응한 파랑을 이해하도록 노력해 보시기 바랍니다.

파랑이 반응하는 때를 알아두자

그렇다면 언제 파랑이 반응하는지, 또 이 경우 폴리어로는 어떻게 표현하는지 예시를 들어보겠습니다.

지금 하는 데까지만 하고 마무리하려고 했는데 나도 모르게 잠들어 버렸다는 분이 있습니다. 주사를 맞았더니 머리가 핑 돌아서 잠들어 버렸다는 분도 있습니다. 이 경우 폴리어로는 빨강으로 어떻게든 버티고 있었지만 '파랑이 지금은 자는 편이 좋다고 판단했다'라고 표현합니다.

"슬슬 일을 끝내려고 했는데, 왜인지 모르게 의욕이 없어졌다. 생각해 봤더니 오랫동안 먹은 게 없었다.", "일이 진행

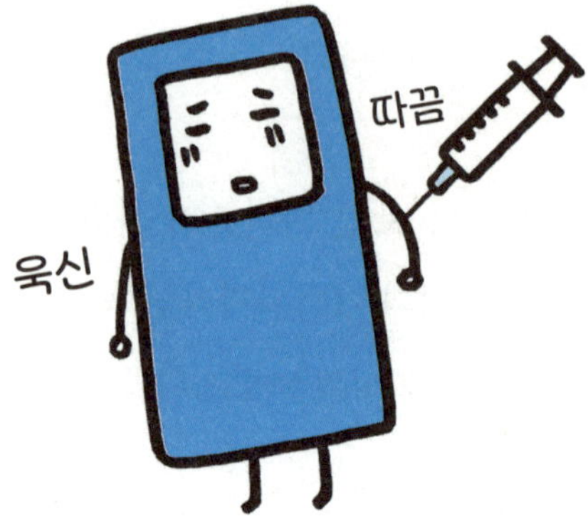

되지 않아 집중이 안 됐는데, 가만히 생각해 보니 최근에 잠을 제대로 잔 적이 없었다."라는 분도 있습니다.

폴리어로는 이렇게 파랑이 자극에 반응하여 우리에게 브레이크를 밟고 멈추라는 신호를 보내고 있다고 해석합니다.

또 앞에서도 언급했듯이 자율신경은 외부 자극뿐만 아니라 몸이나 마음의 상태 같은 내부 자극에도 반응합니다. '갑자기 통증이 심해져 몸을 움직일 수 없다', '실망한 일이 떠올라 우울해졌다' 등 몸이나 마음의 상태가 자극이 되어 파랑이 반응하기도 합니다.

파랑은 '닥터 스톱'

어떤 분은 "제 파랑은 닥터 스톱인 것 같아요(권투에서, 더 이상 경기를 진행할 수 없을 정도로 선수의 부상이 심할 경우, 의사가 심판에게 말하여 경기를 끝맺는 일 -옮긴이)."라고 하셨습니다. 파랑은 목숨을 지키기 위해 여러 활동을 멈추는 역할이므로 '닥터 스톱'이라는 이미지가 있을 법도 합니다. 노트북이 먹통이 된 상태나 셧다운된 상태, 복사기가 절전모드로 전환된 상태를 떠올리는 사람도 있습니다.

토끼나 기니피그 같은 동물도 천적과 맞닥뜨리면 죽은 척 연기를 한다고 합니다. 위를 향하도록 눕히면 움직이지 않는 경우도 있습니다. 이것도 파랑 신경의 작용입니다. 어떻게 보면 동물이 살아남는 마지막 전략이나 마찬가지입니다.

폴리어에서는 큰 소리로 야단을 맞으면 머리가 새하얘져서 움직일 수 없게 되는 상태, 쉬지 않고 며칠 동안 무리하면 다음 날 아침에 일어나기 힘들어지는 상태, 바쁘게 흘러가는 하루하루 속에서 기억력이 나빠지는 상태, 여유가 없어져 사람들 앞에서 웃을 수 없게 되는 상태 모두 파랑이 몸을 절전모드로 전환하여 생명을 지키고 있는 증거라고 해석합니다.

이렇게 '순조롭게 움직일 수 없는 것', '몸이 멈춰버리는 것'은, 파랑이 정상적으로 기능하고 있다는 증거입니다.

이제 파랑의 중요한 역할이나 목적을 이해하셨나요? 여러분의 신경이 파랑이 된 비하인드 스토리, 여러분은 어떻게 느끼셨나요?

파랑에 대해 조금이나마 애정이나 감사함이 생겼다면 그 자체로 충분합니다.

여러분의 파랑에게 "나를 멈춰준 의사 선생님, 절전모드로 바꿔준 파랑아, 고마워요! 제 생명과 몸을 지켜줬군요!" 라고 감사의 인사를 전해보세요. 파랑의 의도가 느껴진다면 여러분과 몸은 서로 소통하며 한 팀을 이루었다고 볼 수 있습니다. 자율신경과 더불어 살아가는 삶이지요.

파랑에 대해 빨강이나 파랑으로 지나치게 반응하지 않기

하지만 파랑 신경이 반응하고 있는 상태는 타인에게 쉽게 미움받기 마련입니다. 여러분 옆에 몸이 파랑인 사람이 가까이 오면 어떤 기분이 드나요? 기운이 없고, 이야기하고 싶지 않은 듯한 표정으로 행동도 느릿느릿한 사람이 옆에 있으면

어떤 생각이 드나요? 아마 머릿속이 부정적인 생각으로 가득 찰지도 모릅니다.

파랑 신경은 타인에게 미움받기 쉬우므로, 자기 자신이 파랑이 되면 이런 자신의 파랑을 어떻게든 바꾸려고 노력하거나(빨강) 이런 자신을 한심하다고 생각하는(파랑) 사람도 있습니다.

'빈둥거리는 내가 싫다', '움직이지 못하는 내가 한심하다', '게으른 내가 이상한 것 같다'라는 고민도 많이 합니다. '멈추는 것은 좋지 않다', '활동하지 않는 것은 용납할 수 없다'라는 사회 분위기도 있으니 그렇게 생각하는 것도 이상하지 않습니다.

다만, 여기서 중요한 점은 **자신의 파랑을 너무 부정하지 않는 것입니다. 초록이 주는 안심감이 안아주듯이 파랑을 안아보시기 바랍니다.**

구체적으로는 **'내 몸의 파랑이 반응해서 움직이지 못하는 거구나. 나도 이런 내가 마음에 들지 않지만, 생리 반응이기도 하고 생명을 지키려는 몸의 반응인데 어쩌겠어. 오히려 지켜줘서 고맙다고 해야겠다'** 정도로 시작해 보면 어떨까요?

이 책에서는 이와 같은 맥락에서 '파랑은 그대로'를 키워드로 하고 있습니다. 조금씩이라도 좋으니 여러분의 파랑을 이해하고, 파랑과 더불어 사는 법을 찾아보시기 바랍니다.

4

초록 이해하기

이번에는 초록을 이해하기 위해 '자극과 반응'을 세트로 파악하는 연습을 해봅시다.

몸은 안심감이나 안전감을 느끼는 자극과 만났을 때 초록으로 반응합니다. 예를 들어, 갓난아기나 새끼 동물을 만났다고 합시다. 여러분의 몸은 어떻게 반응합니까? 여러분의 얼굴은 어떻게 변합니까? 여러분의 목소리는 어떻게 바뀝니까? 눈꼬리가 내려가고, 미소를 짓고, 표정이 평온해지며, 목소리도 조금 높아지지 않나요?

이러한 반응은 의도적으로 나오지 않습니다. '다음에 아기를 만나면 눈꼬리를 내리고, 입꼬리를 올려서 미소 짓고,

조금 높은 목소리로 말해야지'라고 계획하지는 않습니다. 초록도 빨강과 파랑처럼 자극에 반사하고 있는 것입니다.

우리는 무엇인가를 보고, 듣고, 냄새 맡고, 맛보고, 만져보고 안심하기도 합니다. 여러분은 어떤 것을 보고, 듣고, 맡고, 맛보고, 만져보고 안심하나요? 그 상황을 떠올려보세요.

스스로가 초록이 되려고 하지 말고, 어떤 자극을 받아야 몸이 초록이 되는지 생각해 보세요. '자극과 반응'을 세트로 생각하는 연습입니다.

'초록은 자신이 정말 소중하게 여기는 것을 생각나게 해주는 역할'이라고 해석하는 편이 좋습니다. 그러면 초록을 더욱 이해할 수 있게 됩니다.

초록을 이해하는 방법을 정리하자면 다음과 같습니다.

1. 지금 발생하고 있는 생리·심리 반응으로부터 초록이 반응하고 있다는 사실을 인지한다(반응에 대한 자세한 설명은 1장을 참고해 주시기 바랍니다).
2. '몸은 어떤 자극을 안전하다고 느끼는가'를 이해한다.
3. '안전하다고 느낀 자극을 소중하게 여기기 바라는' 몸의 생각을 헤아려본다.

이렇게 실천하다 보면 여러분의 초록을 더욱 이해할 수 있을 것입니다. 초록과 가까워지려면 꼭 그때 반응한 초록을 이해하도록 노력해 보시기 바랍니다.

초록과 파랑의 차이

여기서 초록과 파랑의 차이를 조금 소개해 드리겠습니다. 이 책은 입문자용이므로 간단하게 설명하겠습니다.

초록과 파랑은 모두 브레이크 기능을 합니다. 두 가지 다

‘속도를 늦추고’, ‘활동 레벨을 낮추고, ‘서서히 멈춰가는’ 역할입니다.

파랑은 비교적 강한 브레이크로 정지하지만, 초록은 부드러운 브레이크로 완전히 멈춘다기보다는 속도를 조절하기 위한 브레이크입니다. 엔진 브레이크에 가깝습니다.

온화한 브레이크가 작용하여 여유가 있기 때문에 초록은 특정 환경이나 자신의 컨디션을 관찰할 수 있는 상태라고도 말할 수 있습니다. 즉, 지쳐 있을 때 몸은 움직일 수 없지만 안심하고 있을 때의 몸은 온화하게 움직이고 있는 상태라는 것입니다.

초록 반응이 일어나는 유형

그렇다면 언제 초록이 반응하는지, 또 이 경우 폴리어로는 어떻게 표현하는지 예시를 들어보겠습니다.

“다음 날 업무가 신경 쓰여서 불안한 채로 집에 왔는데 강아지가 저를 반겨주니까 긴장이 스르륵 풀려서 어느샌가 웃고 있었어요.”라고 말씀한 분이 있었습니다. 이 경우는 ‘빨강에서 초록으로 바뀌었다’라고 표현할 수 있습니다.

"일정이 있어 나가는 게 귀찮았는데, 갑자기 TV에서 좋아하는 가수의 신곡이 흘러나오니까 설레고 기분이 산뜻했어요."라는 분이 있었습니다. 이 경우는 '파랑에서 초록으로 바뀌었다'라고 표현할 수 있습니다.

"정원에서 잡초를 열심히 뽑았더니 피곤해서 꼼짝도 못하겠더라고요. 그런데 기지개를 켜니까 구름 한 점 없는 파랗고 깨끗한 하늘이 보여서 정말 상쾌했어요."라는 분도 있었습니다. 이 경우는 '빨강에서 파랑, 그리고 초록으로 바뀌었다'라고 표현할 수 있습니다.

폴리어에서는 이렇게 초록이 자극에 반응하여 우리에게 '일단 조정하고 안심하자', '일단 안전 기지로 돌아가자'라는 신호를 보내고 있다고 해석합니다. 위 예시로 말하자면 강아지, 좋아하는 가수, 파랗고 깨끗한 하늘은 소중한 존재임을 '초록이 나에게 알려준다'라고 표현합니다.

초록은 '나침반'

"제 초록은 나침반 같아요."라고 말씀하신 분이 있습니다. 초록은 '안심할 수 있는 것과 연결되어 무엇이 중요한지를 깨닫게 해주는 역할'이기에 '나침반'을 떠올린 듯합니다. '초심으로 돌아간다', '홈그라운드', '뉴트럴'과 같은 이미지를 떠올리는 사람도 있습니다. 폴리어에서는 초록을 '안심할 수 있는 것과 연결되어 자신을 지켜주는 것'이라고 해석합니다.

이제 초록의 중요한 역할이나 목적을 이해하셨나요? 여러분의 신경이 초록이 된 비하인드 스토리, 여러분은 어떻게 느끼셨나요? 초록에 대해 조금이나마 애정이나 감사함이 생겼다면 그 자체로 충분합니다.

이 책에서는 이와 같은 맥락에서 '초록을 활용하는 생활하기'를 키워드로 하고 있습니다. 조금씩이라도 좋으니 여러분의 초록을 이해하고 더불어 사는 법을 찾아보세요.

이렇게 3색 신경은 모두 우리의 생명이나 소중한 것을 지키기 위해 작용하고 있습니다. 그 작용 방법이 세 종류로 나뉜다는 사고법입니다.

빨강은 싸우거나 도망치고, 파랑은 멈춤으로써 에너지를 최소화하며, 초록은 소중한 무언가와 연결되어 자신의 생명을 지킵니다.

'3색 신경이 지금 우리에게 전하고자 하는 바'를 이해하면, 몸과 더불어 인생을 살아갈 수 있습니다.

5

신경의 '블렌드' 알아보기

그렇다면 이번에는 **'블렌드'**라는 개념을 알아보겠습니다. 자율신경의 일반적인 사고방식은 교감신경과 부교감신경의 두 종류로, 이 두 신경의 균형이 중요하다고 알려져 있습니다. 하지만 두 종류 중 무엇이 더 중요한지를 놓고 비교하며 이항대립적으로 사고하기 쉽습니다.

'교감신경은 좋지 않고, 부교감신경이 중요하다는 말이네요'라고 말씀하시는 분도 있지만, 저는 그렇게 생각하지 않습니다. 사람에게 좋고 나쁜 신경은 없습니다. 모두 중요합니다. 이 사고법을 꼭 기억해 두시기 바랍니다.

이때, 폴리바갈 이론의 블렌드라는 개념을 도입하면 빨강과 파랑 두 신경 모두 중요하다고 인식할 수 있습니다. 그 키워드가 '초록' 신경입니다.

블렌드의 특징이란?

블렌드 개념을 조금 더 정확히 이해하기 위해 초록의 특징을 복습해 봅시다.

초록은 연결되는 신경이라고들 말합니다. 소중한 것과 연결되면 안심감·안전감을 느낍니다.

초록은 '튜닝(조정)' 신경이라고도 합니다. 빨강은 '액셀', 파랑은 '브레이크', 그리고 빨강과 파랑 사이를 조절하는 기능을 하는 초록은 '부드러운 브레이크'라고 표현할 수 있습니다.

따라서 속도도 조절할 수 있습니다. 비좁은 길이나 커브길로 갈 때는 속도를 조절해야만 하는데, 안전감이나 안심감을 느끼면 여유가 생기므로 속도를 잘 조절할 수 있게 되는 것입니다.

초록은 '빨강으로 갈 수도 있고, 파랑으로 갈 수도 있는 상태', '액셀도 밟을 수 있고 브레이크도 밟을 수 있는 상태', '어느 쪽으로도 바꿀 수 있는 중립적인 상태'라고도 할 수 있습니다.

이 초록의 특징을 기억해 두세요. 이 특징을 기반으로 블렌드의 개념을 설명하겠습니다.

6

초록빨강의 블렌드

초록빨강 블렌드는 초록 신경과 빨강 신경이 모두 작용하는 상태입니다.

초록은 '안심·안전의 감각, 연결되는 감각', 빨강은 '활동하고, 싸우고, 도망치는 감각, 액셀이 밟혀 있는 상태'입니다. 이 두 가지를 블렌드하면 **'안심하고 활동한다', '안심하고 싸운다', '안전하게 도망친다', '안전하게 액셀을 밟는다'**라는 감각이 됩니다.

또는 '유대감을 바탕으로 활동한다', '함께 싸운다', '유대감을 바탕으로 도망친다', '같이 액셀을 밟는다'라고도 표현할 수 있습니다.

초록과 빨강이 블렌드된 이미지가 떠올려지나요?

초록빨강의 블렌드는 '놀이'

폴리바갈 이론을 만든 포지스 박사는 이 초록과 빨강의 블렌드를 '놀이'라고 표현했습니다.

새끼 동물이나 갓난아기도 서로 장난치며 놀이를 통해 '가감'을 체험하고 배웁니다. 프로레슬링 놀이나 술래잡기는 마음 놓고 경기하고, 안심하고 도망칠 수 있는 놀이입니다. 카드 게임이나 보드게임도 규칙을 지키면서 경쟁하는 놀이지요. 스포츠도 규칙에 따라 선수끼리 최선을 다해 경기에 임합니다.

규칙이 있다는 안심감이나 안전감을 전제로 하여 최선을 다하는 모습은 폴리어로 '초록빨강'이라고 말할 수 있습니다. 스포츠에서는 규칙에 벗어나는 행동을 하면 심판이 규칙에 따라 공평하게 판정합니다. 심판은 선수가 마음 놓고 안전하게 경기할 수 있도록 해주는 역할을 합니다.

스포츠에는 팀으로 겨루는 종목도 있기 때문에 팀워크가 필요합니다.

이렇게 **다 함께 겨루고, 도망치고, 활동하는 감각도 '초록빨강'입니다.** 놀이 감각에는 안심감, 유대감, 일체감이 필요합니다.

초록빨강은 '불안감 없는 활동'

초록빨강은 **'불안감 없는 활동'**이라고도 할 수 있습니다. 초록이 없는 빨강은 '불안에서 오는 활동', '불안을 없애기 위한 활동'으로 표현할 수 있습니다.

빨강과 초록빨강의 그러데이션(업무 예시)

새빨강으로 일할 때

죽을힘을 다해 일한다.

해고되지는 않을지 불안해하며 일한다.

동료에게 지지 않겠다는 마음으로 일한다.

상대방에게 증오를 느끼며 일한다.

빨강으로 일할 때

당황하여 급하게 일한다.

마감일을 늘 의식하며 일한다.

다른 사람의 눈치를 보며 일한다.

말투가 빨라지고, 잔뜩 힘이 들어간 상태에서 일한다.

초록빨강으로 일할 때

즐기며 일하고 실패를 경험하면서 배운다.

동료와 함께 일한다(팀워크).

대화하면서 일한다.

실패를 두려워하지 않고, 도전 정신으로 일한다.

'초록이 없는 빨강'과 '초록빨강'의 사이에는 그러데이션이 있습니다. **'안심과 리스크의 블렌드'**라고 표현하기도 합니다(쓰다 마사토, 『폴리바갈 이론의 권유』). 이 블렌드의 비율도 초록이 조정해 줍니다.

자율신경이 안심할 수 있는 환경이라고 판단하면 초록이 많은 초록빨강으로 반응하고, 자율신경이 위험한 환경이라고 판단하면 초록이 적은 초록빨강으로 반응합니다.

누구와 함께 활동하는지, 어떤 장소에서 싸우는지, 어떤 유대감이 있는 곳에서 액셀을 밟는지, 그때의 환경 자극에 따라 어떤 초록빨강이 될지 결정됩니다.

여러분도 이 초록빨강의 감각을 느낀 적이 있을 것입니다. 그때를 떠올려보세요.

7

초록파랑의 블렌드

초록파랑의 블렌드는 **초록 신경과 파랑 신경이 모두 작용하고 있는 상태**입니다. 초록은 '안심감·안전감, 유대감', 파랑은 '멈추고 쉬는 감각, 브레이크 감각'입니다. 이 두 신경을 블렌드하면 '안심하고 멈춘다', '안심하고 쉰다', '안전한 상태에서 에너지를 줄이며 생활한다', '안전한 상태에서 브레이크를 밟는다'라는 감각이 됩니다.

혹은 '유대감을 바탕으로 쉰다', '함께 쉰다', '유대감을 바탕으로 에너지를 줄인다', '같이 브레이크를 밟는다'라고도 표현할 수 있습니다. **초록파랑의 이미지가 떠올려지나요?**

초록파랑의 블렌드는 '사랑'

폴리바갈 이론을 만든 포지스 박사는 이 블렌드를 '사랑'이라고 표현했습니다.

안심하고 멈춰 있는 상태, 즉 안심할 수 있는 무언가에 몸을 맡기고 있는 상태입니다. 혹은 '활동해도 OK, 활동하지 않아도 OK'라는 감각, 다른 말로 표현하자면 '무조건 OK', '살아 있는 것만으로도 OK'라고 할 수도 있겠습니다.

예를 들면 아무 말 없이 같이 있어도 편안한 관계, 상대방이 무엇을 하든 신경 쓰이지 않는 느낌, 내가 무엇을 하든 상

파랑과 초록파랑의 그러데이션(휴식 예시)

새파랑으로 휴식할 때

정신을 차려 보니 쓰러져 있다.

몸이 전혀 움직이지 않아 누워 있다.

쉬고 있지만 죄책감과 한심함을 느낀다.

엄두가 나지 않는 상태이다.

파랑으로 휴식할 때

피곤해서 별다른 생각이 들지 않는다.

휴식을 취하면서 혼자 있고 싶다, 말하고 싶지 않다.

기력이나 체력이 상당히 많이 저하되어 있다.

쉬는 데 거부감이 있다.

초록파랑으로 휴식할 때

동료와 함께 쉬고 있는 느낌이다.

자신을 충분히 돌보며 만족스럽게 쉬고 있다.

믿을 수 있는 사람의 보살핌 속에서 쉬고 있다.

쉬고 나면 다시 힘을 낼 수 있다는 확신이 있다.

대방은 받아줄 것이라는 믿음입니다.

폴리어로는 활동하지 않아도 된다는 감각, 생산적인 일을 하지 않아도 상관없다는 감각, 즉 '그저 존재하면 된다'라는 감각을 '초록파랑'이라고 표현합니다.

생산적이고 효율적인 것이 최고라고 여겨지는 현대사회에서 '아무것도 하지 않아도 괜찮다'라는 초록파랑을 바라며 살아가는 사람도 많을 듯합니다. **한마디로 힐링에 가까운 상태이지요.**

최근 사우나가 유행하고 있습니다. 온탕과 냉탕을 오가다 보면 개운해진다는 사람도 있습니다. 그런 감각도 초록파랑이라고 말할 수 있겠지요.

캠핑하면서 모닥불 피우기에 푹 빠진 사람도 많습니다. 아무 말 없이 모닥불이 타는 모습을 보고 있으면 마음이 그렇게 편할 수가 없습니다. 혼자 있든, 누구와 함께 있든, 나무가 타닥타닥 타는 소리를 들으며 그저 그곳에 '있는' 시간은 초록파랑 신경이 작용하고 있는 것입니다.

휴일이면 자연에 둘러싸인 조용한 장소로 휴식하러 가는 사람도 많습니다. 아마도 초록파랑 신경을 활성화하려는 마음에서겠지요.

초록파랑은 '불안감 없는 정지' 상태

초록파랑은 **'불안감 없는 정지', '릴랙스된 정지'라고도 할 수 있습니다.** 초록이 없는 파랑은 '불안감에 의한 정지', '공포에 의한 정지', '움직이고 싶지만 멈춰 있는 상태'로도 표현할 수 있습니다.

'초록이 없는 파랑'과 '초록파랑' 사이에는 그러데이션이 있습니다. 그 블렌드의 비율도 초록이 조정해 줍니다.

자율신경이 안심할 수 있는 환경이라고 판단하면 초록이 많은 초록파랑이 반응하고, 위험한 환경이라고 판단하면 초록이 적은 초록파랑이 반응합니다.

누구와 함께 멈추는지, 어떤 장소에서, 어떤 유대감이 있는 곳에서 브레이크를 밟을지, 그때의 환경 자극에 따라 어떤 초록파랑이 될지가 결정됩니다.

여러분도 이 초록파랑의 감각을 느낀 적이 있을 것입니다. 그때를 떠올려보세요.

8

파랑빨강의 블렌드

초록빨강·초록파랑에 이어서 또 하나의 블렌드를 소개합니다. 바로 **파랑빨강의 블렌드**입니다. 앞서 소개한 두 가지 블렌드와는 달리, 이 블렌드는 괴로운 상태입니다. 보기에는 움직이지 않지만(파랑), 머리나 마음은 불안감이 가득한 상태로, 어떻게 해서든 움직이려는(빨강) 상태입니다.

차로 예를 들자면 **액셀과 브레이크가 동시에 밟힌 상태**입니다. 이런 상태라면 차는 앞으로 나아가지 않지만 기름은 점점 줄어들지요. 언뜻 보기에는 활동하지 않는 듯하지만, 사실은 꽤 지쳐 있는 상태입니다.

파랑빨강은 '싸울지, 멈출지'의 상태

파랑빨강 상태에서 빠져나오려면?

정신건강의학과에서 오래 일해온 저는 **정신질환 대부분이 파랑빨강의 블렌드라고 해석합니다.** 정신질환은 증상이 겉으로 잘 드러나지 않아 오해를 받기 쉬우며 신성이 복잡한 상태입니다.

파랑빨강 블렌드는 '초록'이 없는 상태, 즉 안전감이나 유대감이 적은 상태입니다. '학교에 갈지 말지', '출근할지 말지', '그 사람 잘못인지, 이 사람 잘못인지', '맞는지 틀리는지'와 같이 양자택일적 또는 이항대립적으로 사고하기 쉬운 상태입니다. 극단적으로 말하면 **'싸울지, 멈출지(죽을지)'와 같은 상태**입니다.

초록 신경이 회복하기 시작하면, 이런 이항대립적 감각이나 사고에서 벗어나 다른 차원의 감각이나 사고를 경험할 수 있게 됩니다.

여러분도 불안한 상황에서 답을 찾으려고 애쓰다 누군가와 대화하며 안정감을 느끼면 '왜 그걸로 고민했을까?' 하고 자신을 되돌아본 적이 있을 것입니다. 혹은 '어떻게 하면 좋을까?'라며 고민하고 있을 때, 동물이나 자연과 함께 있으면 고민이 보잘것없이 느껴졌던 경험도 있을 것입니다.

이렇게 문제에서 일단 한 발짝 떨어져 몸이 환기된 이후에 다시 한번 되돌아보면, 다른 각도에서 그 문제를 바라볼 수 있습니다. 아마 많은 분이 경험했을 것입니다.

저는 이 현상을 '문제 해결'이 아닌 **'문제 해소'**라고 표현합니다. 파랑빨강이 블렌드된 상태에서는 자연체(초록)를 놓쳐 문제 해결이 인생의 목표인 듯 느끼게 됩니다. 하지만 문제 해결이 그다지 중요하지 않다는 사실을 느끼게 되면 새로운 깨달음을 얻을 수 있지 않을까요?

문제를 '해결'하려고 하면 보이지 않게 되는 것

0장에서 가이드북의 한계에 관해 설명했습니다. 가이드북을 부정하고 싶지는 않지만, **가이드북대로 실천했는데도 순조롭게 진행되지 않아 전전긍긍하고 있는 사람은 문제 해결이 인생의 목표가 되었다고 할 수 있습니다.**

올바른 방법으로 시도했지만 순탄하게 풀리지 않을 때나 갈등상태로 괴로울 때는 초록 신경이 작용하는 시간이 적습니다. 문제 해결에 목숨을 걸거나 그 문제를 해결하려는 데 발목이 잡히면 문제에서 한 발짝 떨어져 초록의 시간을 가지는 것을 잊게 됩니다.

블렌드 개념으로 표현하자면 빨강 상태로 가이드북에 소개된 방법을 따르기보다는 초록빨강 상태에서 놀이를 한다는 마음으로 시험해 보거나 가이드북과 거리를 두고 초록파랑의 시간도 만들며 그 방법을 실험하는 기분으로 시도해 보는 것입니다. 이렇게 '초록'의 감각을 느끼며 방법을 실천해 보는 것이 이 책에서 제안하는 핵심입니다.

즉, 무엇인가에 열중할 때 '안심하고 시도해 보기', '누군가와 함께 해보기', '놀이를 한다는 기분으로 해보기', '유대감을 바탕으로 해보기'(이상 초록빨강의 핵심)가 중요합니다.

그리고, '안심하고 시도하지 않기', '누군가와 함께 멈추고 쉬기', '몸을 쉬게 하기'(이상 초록파랑의 핵심)도 중요한 포인트입니다.

지금까지 블렌드의 개념을 소개했습니다. 우리들의 신경은 빨강·파랑·초록이라는 3색으로 우리의 생명을 지키고 있다고 생각합시다. 빨강과 파랑은 결코 나쁜 것이 아닙니다. 필요한 때에 작용할 뿐입니다.

빨강과 파랑의 장점을 더욱 업그레이드하기 위해서는 초록이 필요합니다. 블렌드의 개념을 염두에 두고, 여러분의 몸과 컨디션을 잘 관찰해 보세요.

2장 총정리

- 3색 자율신경의 반응은 특정 자극에 반응하고 있는 생리 반응이다.
- 3색 모두 방법은 다르지만, 나의 생명이나 내가 소중하게 생각하게 여기는 것을 지키기 위해 작용한다.
- 3색의 의도를 적절히 이해하면 몸과 더불어 살 수 있다.
- 초록빨강이나 초록파랑 등 블렌드의 개념을 적용해 보자.
- 빨강과 파랑만으로는 살기 어렵지만, 초록이 블렌드되면 빨강과 파랑보다 활기차게 작용한다.
- 빨강 상태에서 가이드북에 나오는 방법에만 매달려 문제를 해결하려고 하기보다는, 초록빨강과 초록파랑의 블렌드도 적용하며 문제를 해소해 보자.

3장

폴리어로 생활하기

1

일상생활을 폴리어로 관찰하기

이 책의 목적은 여러분이 폴리바갈 이론을 이해하고, 폴리바갈 이론을 생활이나 업무에 활용할 수 있도록 돕는 것입니다. 이렇게 함으로써 결과적으로 여러분의 삶이 편해지고, 고민이 가벼워진다면 더할 나위 없겠습니다.

여러분이 어려운 폴리바갈 이론을 이해하고 활용할 수 있도록 배우기 쉽고, 사용하기 쉽고, 전달하기 쉽게 하고자 '(3색으로 표현한) 폴리어'를 소개하고 있습니다.

여러분도 일상생활에서 폴리어를 사용해 보세요. 특히 내 몸에도 의식을 집중해서 3색 신경 상태를 관찰해 보시기 바랍니다. 우리는 정보가 흘러넘치는 세상에 살고 있어 의식이 바깥을 향하기 쉽습니다. 그렇게 되면 자신의 몸 상태를 알아채지 못한 채 생활하게 됩니다.

반면 자신의 몸에 관심을 두고 매일 몸의 건강 상태를 관찰하는 사람도 있습니다. 혈압을 재는 사람, 스마트워치로 맥박수를 확인하는 사람, 만보기를 차고 생활하는 사람, 체온을 재는 사람 등 특히 팬데믹 이후에는 자신의 몸 상태를 체크하려는 사람이 많아졌습니다.

그런데 혈압, 맥박, 걸음 수, 체온 등을 빨강 상태에서 측정하는 경우가 있습니다. '혈압은 ○ 이하여야 한다', '걸음 수는 하루에 ○보 이상 카운트해야 한다'와 같은 상태입니다.

오기로 다이어트를 하거나, 혈압이 떨어지지 않아 안절부절못하거나, 걸음 수를 늘리려고 혈안이 되어 있거나, 체온이 내려가지 않아 우울해지기도 합니다. **몸 상태에 대해 좋다, 나쁘다와 같이 이분법적으로 따지기 시작하면 몸은 계속 빨강이 됩니다.**

몸 상태를 있는 그대로 관찰하고 있을 때는 초록입니다. 하지만 '몸 상태를 ○○한 상태로 바꿔야 한다'라는 생각에 사로잡혀 있을 때는 빨강입니다. 초록일 때와 빨강일 때는 매우 큰 차이가 있습니다. 대충이라도 좋으니 지금 나는 어떤 색인지를 관찰하는 습관을 길러봅시다.

2

A씨의 쫄리어 생활

A씨는 결혼한 지 5년이 되었습니다. 첫 아이를 출산한 뒤 친정에서 지내고 있습니다. 가족 모두 기뻐했습니다. 하지만 출산하고 얼마 지나지 않아 아이가 코로나에 걸리면 어쩌나, 가족 중 누군가가 아이에게 코로나를 옮기면 어쩌나 불안해져 잠을 이루지 못했습니다.

친정어머니의 도움을 받으며 아이를 키우고 있는데, 어머니에게 "이제 너도 엄마가 됐으니까 정신 똑바로 차려야 해. 그런 걸로 걱정하지 말고."라는 말을 들어서 짜증도 나고 우울해지기도 했습니다.

집에 있는 남편과는 통화로 근황을 주고받고 있지만 좀처럼 타이밍이 맞지 않아 남편에게도 매일 짜증을 냈습니다. 코로나에 걸리지 않으려고 매일 기사를 읽거나 영상을 보는데도 보면 볼수록 불안해질 뿐이었습니다. 바라고 바라던 아이를 출산했지만, 이런 자신의 모습이 한심해 밤에는 눈물이 나기도 했습니다.

하루는 산부인과에서 도움을 많이 받았던 조산사 선생님과 만날 기회가 있어 고민을 털어놓았습니다. 조산사 선생님은 A씨에게 '폴리어'를 사용하여 설명해 주었습니다.

"A님, 말씀해 주셔서 감사해요. 출산도 처음이고 육아도 처음이라 모르는 게 많겠지요. 사실 엄마가 되고 나서는 '내 몸의 상태를 아는 것'이 제일 중요해요. 방법을 알려줄게요. 우리 몸에는 세 가지 자율신경이 있다고들 하는데요. 알기 쉽게 세 가지 자율신경을 빨강, 파랑, 초록이라고 할게요.

빨강은 소중한 것을 지키기 위해 싸우거나, 스트레스의 원인으로부터 멀어지기 위해 작용하는 신경이에요. **'액셀'**이라고도 하죠. 파랑은 액셀로 고군분투한 몸이 망가지지 않도록 피로를 느끼게 해서 **'브레이크'**를 거는 신경이에요. 초록은 안심할 수 있는 사람과 연결되어 안전을 느끼고, 액셀과 브레이크가 적당히 느슨하게 조정될 수 있도록 하는 '튜닝' 신경이라고 불립니다. 말하자면 **'부드러운 브레이크'**죠.

이 자율신경들은 A님의 의식에 따라 작용하는 게 아니라, 여러 가지 환경이나 몸의 컨디션을 종합적으로 판단해서 세 종류의 신경으로 자동 반응하고 있는 거예요. A님이 말씀하신 '코로나에 걸리지 않을까 하는 걱정 때문에 불안해서 미치겠다'라는 말이나 '육아가 내 생각대로 되지 않아 불안해진다'라는 말은, A님이 엄마로서 능력이 없다는 의미가 아니에요.

소중한 무언가를 지키려고 할 때는 몸이 빨강으로 변해요. 특히 출산 이후에는 자식을 소중히 지키기 위해서 더 빨강으로 변하기 쉽죠. 그래서 친정어머니나 남편도 빨강으로 대하게 되는 거예요. A님의 성격이나 엄마로서 능력이 있냐 없냐의 문제가 아니에요.

그리고 빨강으로 변하면 지치니까 '엄마 자격이 없나 보다' 하고 우울해지거나, 눈물이 나죠. 그러다 파랑으로 변해서 브레이크를 거는 것도 자연스러운 반응이에요. 여기서 중요한 것이 초록 신경의 회복이죠. 초록은 'A님의 몸이 지금 안심할 수 있는 것'과 연결되면 반응해요.

우리 같은 의료종사자들과 연결되어 A님이 안심할 수 있다면 저한테는 그만큼 기쁜 일이 없죠. 지금은 A님 자신의 몸을 더 돌보고, 초록 신경이 작용할 수 있게 생활하는 걸 우선했으면 좋겠어요."

조산사 선생님은 폴리어를 사용해 A씨의 몸과 마음의 상태를 설명해 주었습니다.

"제 잘못이 아니었네요……. 신경이 반응하는 거라고요?"

"맞아요. 성격이나 인격과는 관계가 없어요. 생리현상이죠. 꽃가루가 코로 들어가면 재채기가 나오죠? 상한 음식을 먹으면 토해버리죠? 생리 반응이니까 그런 거예요. 이것도 똑같아요. 출산 뒤에는 빨강 신경과 파랑 신경이 과잉되기도 하고, 여러 가지 요인 때문에 신경이 반응하고 있는 거죠.

좋은 엄마가 되어야겠다는 생각에 사로잡히지 말고, 우선은 A님의 몸을 돌보면서 평온함을 찾아보세요. 꿀이 좋다고 하더라고요. 한번 드셔보시는 건 어때요? 그리고 다음 달에 엄마들 모임이 있으니까 관심 있으면 오세요."

A씨는 조산사 선생님과 얘기를 나눈 뒤 기분 좋게 몸에 힘이 풀렸습니다. 이렇게 기분 좋을 정도로 힘이 풀리는 감각은 오랜만이라고 생각했습니다. 자책감이 사라지지는 않았지만, 첫 출산 때문에 몸이 자극을 받아 피곤하다는 사실을 알 수 있었습니다.

매일 3색 일러스트를 보고 빨강이 된 나와 파랑이 된 나를 관찰할 수 있게 되었고, 일상 곳곳에서 '알고 보면 초록이었던 나'가 존재했던 사실도 알 수 있었습니다.

'조산사 선생님과 이야기를 나눈 이후부터 긴장감이 풀린 것 같아. 이건 초록인가?'

'엄마랑 말다툼하고, 펑펑 운 이후에 잠을 푹 잘 수 있었던 건 빨강이 되고 그 이후에 파랑이 되어서 그런 건가?'

'엄마들 모임에 가서 나랑 비슷한 고민을 하는 사람들 얘기를 들었더니 왜인지 마음이 놓였어. 이것도 초록인가?'

자신을 3색 신경으로 관찰하기 시작한 이후로는 스스로 지금 어떤 상태인지 알게 되는 순간이 많아졌습니다. 반대로 말하면, **본인의 상태가 어떤지 몰랐던 것이 스트레스가 되고 있었다는 사실**도 깨닫게 되었습니다.

그 이후, 가능하면 몸이 초록이 되도록 환경을 바꾸고 조산사 선생님과도 한 달에 한 번씩 만나기 시작하자 자연스럽게 초록인 시간이 많아졌습니다.

또, '지금 엄마도 빨강이네', '남편과 하는 대화가 즐겁지 않은 이유는 남편이 파랑이기 때문일까?', '남편은 일요일 오전에는 초록이네' 등, 가족들의 컨디션도 3색으로 판단할 수 있게 되었습니다.

이렇게 생활하다 보니 어느샌가 '완벽한 엄마가 되지 않아도 괜찮아', '우리 엄마도 빨강이 될 때가 있잖아. 완벽한 엄마도 아니었을 테고'라고 생각하게 되면서, 상태나 상황을 문제라고 보지 않고 마음 편히 받아들이게 되었습니다.

A씨는 폴리어를 사용한 이후 어떻게 바뀌었을까?

A씨의 예시를 통해 폴리어가 일상생활에서 어떻게 쓰이는지 이해하셨나요?

A씨는 자녀를 걱정하는 마음에 인터넷이나 책으로 여러 가지 정보를 수집하여 정답을 찾으려고 했습니다. 매일 '올바른 양육', '올바른 감염예방', '올바른 엄마의 모습'을 찾아보며 고민했습니다. 폴리어로 표현하면 빨강 신경이 고조되어 있었습니다. 가족과 대립각을 세운 이후에는 눈물을 흘리거나 지쳐서 아이를 돌보지 못했습니다. 이 상태는 폴리어로 '파랑 신경이 브레이크를 걸었다'라고 표현합니다.

그 후, 산부인과에서 도움을 많이 받았던 조산사 선생님과 만나거나 엄마들 모임에 나갔더니 기분 좋게 긴장이 풀렸습니다. 폴리어로 '나는 틀리지 않았다'라고 생각하는 상태를 '몸이 초록이 되었다'라고 표현합니다. 본인의 성격이나 능력이 아니라, 자율신경의 활성도에 따른 생리 반응인 것입니다.

A씨는 자신의 몸보다도 아이, 코로나, 친정어머니, 남편, 인터넷이나 책에서 얻은 다양한 정보 등 외부에 의식이 쏠려 있었습니다. 자신의 몸 상태가 언밸런스하다고 느끼지 못했습니다. 또 몸이나 신경 상태를 인식하는 방법도 이해하지 못했습니다.

몸 상태가 언밸런스하면 일이 순조롭게 풀리지 않을 때가 있습니다. **균형 잡힌 몸 상태를 만들려면 가장 먼저 내 몸의 상태를 알아야 합니다.** 3색으로 내 몸을 아는 간단한 방법으로 자신의 몸 상태를 이해할 수 있게 됩니다.

A씨의 폴리어 일기

A씨는 폴리어를 배우게 된 이후 **'폴리어 일기'**를 쓰는 것이 일과가 되었습니다. 조산사 선생님께 내 몸은 어떤 자극을 받고, 어떤 색으로 반응하는지 관찰해 보라는 제안을 받은 것이 계기가 되었습니다.

A씨의 폴리어 일기에서 발췌

'6월 1일. 장마로 비가 많이 와서인지 파랑. 쓰레기를 정리하고 있었더니 아버지가 마시다 만 맥주 캔을 테이블에 올려둬서 빨강이 되었다. "애가 맥주를 마시기라도 하면 어쩌려고 그래!"라며 화를 냈지만, 내가 아이를 끔찍이 아끼고 있다 보니 자연스럽게 빨강이 된 거겠지. 하지만 조금 늦은 아침을 먹었더니 왜인지 기분이 평온해져서 초록이 되었다.

어젯밤에는 저녁도 안 먹고 자서 그런가 피곤해서 파랑이었다. 오후부터는 비가 멎어서 청명해진 하늘을 보니 초록이 되었다. 아이와 공원에 갔더니 별로 마주치기 싫은 아주머니를 만났다. 몸이 빨강이 되어 다시 집으로 돌아왔다. 저녁에 장을 보러 갔더니 마침 세일하고 있어서 싸게 산 덕분에 초록이 되었다. 아무래도 내 몸은 세일 상품을 좋아하는 것 같다.'

'9월 1일. 친정에서 우리 집으로 돌아오고 이제야 좀 익숙해졌다. 어제는 오랜만에 일찍 잠들었더니 기분 좋게 눈이 떠졌다. 초록과 빨강이 섞인 것 같은 상쾌한 기분으로 눈을 떴다. 요새 위장 관리를 위해 마시기 시작한 유산균 보충제가 효과가 있는지 쾌변을 봐서 몸이 초록인 아침을 맞고 있다. 예전에는 3~4일 정도 변을 못 봐도 이상하다는 생각을 못 했는데, 몸이나 위장에 관심이 없었던 것 같다. 조산사 선생님께 추천받은 꿀도 나한테 잘 맞을 것 같다.

점심에는 뉴스를 보다가 좋아하는 가수가 해체하고 연예계를 은퇴한다는 소식을 듣고 충격을 받았는지 파랑이 되었다. 그런데 의외로 미련이 없어서 초록파랑인 것 같은 느낌. 충격이긴 하지만 지금까지 고생했다는 생각이 들었다.

이제 슬슬 육아휴직도 끝이 보이고, 다음 달부터는 업무에 복귀해야 한다는 생각이 들어서 몸이 빨강이 되었다. 동료에게 SNS로 연락했더니 "육아휴직 끝나고 오면 선배도 무리하게 업무를 주지는 않는 것 같아. 너무 걱정하지 마."라는 답이 돌아와 초록이 되었다. 복귀하고 나서는 남편이 집안일을 해줄까 하는 생각이 들자 불안해서 빨강이 되었다.'

'1월 5일. 설 연휴도 끝나서 이제 슬슬 아이도 다시 유치원에 보내야 하고, 나도 다시 업무에 복귀해야 한다고 생각하니 조금 파랑이 되었다. 어쩌면 추워서 파랑이 됐는지도 모르겠다.

예전 같으면 '겨우 이런 걸로 걱정하다니 한심해', '게을러'라며 스스로에게 꼬리표를 붙였던 것 같은데, 폴리어를 만나면서 단순히 몸과 신경이 반응하고 있는 거라고 생각하게 됐다. 하나하나 따져가며 이유를 생각하지 않게 되니까 심플해졌다. 추우니까 어쩔 수 없지, 파랑이니까 어쩔 수 없지, 내가 할 수 있는 걸 하자.

부들부들하고 따뜻한 담요를 새해맞이 세일로 저렴하게 샀으니, 회사에 가져가서 따뜻하게 일해야지. 그럼 초록빨강이나 초록파랑이 될 것 같다. 요새는 '이렇게 하면 이렇게 될 것 같다'라고 예상할 수 있게 되었다. 이것도 다 초록 신경 덕분이다.'

'3월 30일. 남편이 피트니스센터에 다닌 지 두 달째다. 초반에는 피곤했는지 파랑으로 피트니스센터에 다닌 것 같았는데, 요즘은 초록빨강처럼 보인다. 추운 날에도 센터에서 땀을 흘리면 기분이 좋다고 한다. 남편이 일 이외에도 집중할 수 있는 것이 생겨서 나도 초록이다. 역시 몸이 소중하다는 걸 새삼스럽게 느낀다.

프로틴을 마시기 시작한 남편을 따라 나도 아미노산 보충제를 마셔보기로 했다. 조금 기대가 되어서 그런지 초록빨강. 출산 직후에는 남편이 아무것도 해주지 않는 것 같았는데, 곰곰이 생각해 보니 내가 없을 때 가구 배치를 바꿔주거나, 매주 육아에 필요한 장을 보러 가준다. 체력도 없을 텐데 여러 가지로 노력했다는 생각이 들어서 고마워졌다. 내 신경의 밸런스가 좋지 않으니 남편의 싫은 점만 보였나 보다.

정말 폴리어가 말하는 대로 몸이 빨강이나 파랑일 때의 세상과 초록일 때의 세상이 다르다는 사실이 느껴진다. 내 초록이 많아진 덕분에 남편의 초록이 늘었을 수도 있고, 반대로 남편이 운동하면서 초록이 많아진 덕분에 내 초록이 더 늘었을 수도 있다. 조산사 선생님이 색은 변한다고 했는데, 진짜인 것 같다.'

폴리어 생활로 내 상태를 알 수 있다

여기까지 A씨의 폴리어 생활을 함께 살펴봤습니다. A씨도 눈치챘지만, **내 상태를 알 수 있다는 안심감은 굉장히 중요**합니다. 반대로 내 상태를 모르면 불안해지고, 원인이나 잘못한 사람을 찾느라 혈안이 되는 경우도 있습니다(0장 참고).

A씨는 공부를 게을리하지 않는 사람입니다. 고민을 해결하고자 방법이나 노하우를 찾아보고, 그대로 실천에 옮기는 행동은 정말 대단합니다. 그러나 자신의 몸이 무슨 색인지 이해하고, 그것을 실천하고 있는지에 대해서는 인지하지 못

했습니다.

새빨간 상태에서 그 방법이나 노하우를 실천해 봤자 몸에 부담만 갈 뿐입니다. 빨강이 계속되면 파랑이 되고, 파랑이 되면 그 방법이나 노하우의 실천은 물론, 꿈꿔왔던 생활도 어려워집니다.

빨강의 비율이 지나치게 높지 않은, 적당한 상태에서 실천하는 것이 중요합니다. 그 키워드가 바로 초록입니다. 초록은 '튜닝'으로, '적당히'가 포인트입니다. 몸이 초록인 상태에서 생활하는 시간이 늘어나면 적당한 빨강, 즉 초록빨강이 블렌드된 상태가 되고, 그 방법이나 노하우도 쉽게 실천할 수 있게 된다는 말입니다.

물론 다른 요인도 있겠지만 A씨는 조산사 선생님, 엄마들 모임, 폴리어 일기, 청명한 하늘, 세일 정보, 유산균 보충제, 꿀, 좋아하는 가수, 따뜻한 담요, 피트니스센터에 다니는 남편 등이 초록을 만들어주는 힌트입니다.

이처럼 **초록이 되는 생활이나 환경을 만들면 몸도 초록이 되기 쉽습니다.** 그러면 기분이나 생각도 자연스럽게 초록이 되고, 상황을 인식하거나 의미를 부여하는 방식도 초록으로 바뀝니다.

즉 **'문제가 해결'된다기 보다는 '문제가 다르게 보이는'** 현

상이 일어나는 것입니다.

상황에 따라서는 문제가 해소되는 경우도 있습니다. '그렇게 고집하지 않아도 되겠다', '알고 보면 그렇게 큰 문제가 아닐 수도 있어', '이게 더 중요한 게 아닐까?'와 같이 자연스럽게 또는 의지와 상관없이 시점이나 생각이 변합니다.

이 책에서는 이렇게 중간중간 몸을 조정해 주면 고민이나 문제를 대하는 방법이나 바라보는 관점이 달라지며, 고민 또는 문제와 나 사이의 거리감이 바뀐다는 점을 중요시합니다. **'고민 방식이 바뀐다'**라고도 합니다.

3

B씨의 졸리어 생활

이번에는 다른 분의 예시를 살펴보겠습니다. B씨는 열 명 정도의 후배를 이끄는 50대 중간관리자입니다. 요즘에는 정기적으로 후배들과 면담하고 있는데, 어떻게 후배들을 키울지 고민이 많습니다.

매일 야근해서 지쳐 있는 사람, 동료와 사사건건 부딪혀서 짜증 내는 사람, 몇 번이고 같은 실수를 저질러서 풀이 죽어 있는 사람, 붙임성은 좋지만 계획 없이 생각나는 대로 일처리를 해서 주위를 난처하게 만드는 사람 등 후배들도 성격이 제각각이라 다루기 힘듭니다.

그러면서도 실적을 유지해야 하는 상황이라 회사의 감시

를 받는 듯한 일상이 계속되어 스트레스가 쌓여 고민하고 있었습니다.

매일 공부를 빼놓지 않는 B씨는 '후배 키우는 법', '조직 개발법', '후배를 성장시키는 기술'을 다루는 책을 읽거나, 연수에 참가해서 어떻게든 해결책을 찾아 실천했지만 생각처럼 되지 않았습니다.

그렇게 고민하고 있던 B씨는 지인의 소개로 '폴리어'와 만났습니다. 심리학이나 리더십론, 자기 계발과는 다른 각도에서 배울 수 있다는 지인의 말을 듣고 '폴리어를 베이스로 한 인간관계와 조직 만들기'라는 강의를 들었습니다. 세 시간에 걸쳐 진행된 연수였지만, 눈 깜짝할 사이에 끝났습니다.

연수 중에 B씨가 쓴 메모를 일부 발췌해 보았습니다.

- 포유류나 사람은 생명을 지키기 위해 세 가지의 자율신경이 자율적으로 작용한다.
- 자율신경은 상식이나 인간이 만든 규칙보다도 생명을 지키는 일을 우선한다.
- 빨강, 파랑, 초록의 세 가지 자율신경은 반사적으로 반응하기 때문에 의지와는 별개로 작용한다.
- 하고 싶지만 할 수 없거나, 하고 싶지 않지만 하게 될 때는

자율신경의 영향이 작용했을 가능성이 높다.

- 성격이나 의지가 얼마나 강하냐의 문제가 아니라, 몸이 반응하는 것이다(생리 반응이기 때문에).
- 몸이 빨강으로 바뀔 만한 환경에 있으면 빨강이 된다. 하지만 조금 시간이 지나면 파랑이 되고, 혼자서 쉬거나 안심할 수 있는 장소로 돌아오면 초록이 된다. 이것이 자연스러운 흐름이다.
- 인간관계는 자율신경이 서로 영향을 줄 가능성이 높다. 달걀이 먼저인지 닭이 먼저인지 모르는 것과 비슷한데, 한쪽이 빨강이 되면 서로 빨강이 되기 쉽고, 한쪽이 초록이 되면 서로 초록이 되기 쉽다.
- 일은 '초록빨강'과 '초록파랑'의 균형이 중요하다.
- 사람이 최대의 퍼포먼스를 발휘하는 때는 '초록빨강'이 계속될 때로, 초록 없이 빨강만 있으면 잘 풀리지 않을 때가 많다.
- 후배를 키우거나 이끌기 위해서는 선배인 내가 먼저 초록이 되어야 한다.
- 자신의 빨강이나 파랑을 인정하고, 후배의 빨강이나 파랑도 인정한다면 초록이 많아져 '초록빨강'이 되기 쉽다.

B씨는 연수가 끝난 후 정신이 번쩍 들었습니다. 어떤 깨달음을 얻었을까요? B씨가 작성한 일기로 B씨의 폴리어 생활을 들여다봅시다.

B씨의 폴리어 일기

'5월 1일. 처음으로 폴리어 연수를 받았다. 몇 번 연수를 받고 나니 내가 헛똑똑이였다는 사실을 알게 되었다. 몸에 대해 생각해 본 적이 없었다. 지금까지 내 몸이나 후배의 몸 상태를 생각해 본 적이 전혀 없었다. '신경이 반사적으로 반응하고 있다', '의도적으로 빨강과 파랑이 된 것이 아니라, 그저 생리 반응일 뿐이다'라는 사실을 새롭게 알게 되었다. 폴리어 일기를 추천받았으니 세 가지 색으로 관찰하는 일기 쓰기를 목표로 해야겠다.'

'5월 15일. 매년 연휴 때도 일을 했지만, '중간관리자는 초록이 중요'하다는 말을 믿고 내 몸이 초록이 되도록 생활해 보았다. 효과가 있었는지 연휴가 끝나면 항상 힘들었는데(아무래도 파랑이었던 것 같다) 이번에는 피곤하지 않았다. 이렇게나 간단한 일이었다니!

학생 때 자주 이용했던 사우나에 오랜만에 가서 몸을 풀었더니 초록이 된 것 같다. 연휴가 끝난 이후로도 사우나는 일주일에 한 번씩 다니고 있다. 생각해 보니 매일 마셨던 술도 다음 날 나를 파랑으로 만드는 주범이었던 것 같다. 술도 줄여봐야겠다.'

'5월 30일. 아무래도 지금까지 내가 스스로를 빨강으로 만들어왔던 것 같다. 후배가 읽어도 그만일 자료인데, 굳이 내가 읽고 문제점을 찾아내야 속이 시원했다. 지금 생각하면 새빨간 '문제 해결 모드'였다. 내가 빨강이라 후배에게 못 맡겼던 것일 수도 있다. 나는 누구와 싸우고 있었을까?

호흡하는 방법이나 초록 상태여야 한다는 점을 의식하기 시작한 이후로는 '후배에게 맡겨보자', '문제가 생기면 그때 해결해도 되지 않을까?'라고 생각하게 되었다. 내가 이런 태도로 바뀌어서인지 이제는 후배들이 자발적으로 진행 상황을 전달해 준다. 이것도 초록의 상승효과일까? 도대체 뭐가 어떻게 돌아가는 건지 모르겠다. 일단 오늘도 사우나에 가야겠다.'

'6월 15일. 항상 업무용 핸드폰을 가지고 다녀서 빨강이 된 건 아닐까? 무엇이 나를 빨강으로 만들고 있는지 자극과 반응으로 생각하라고 연수에서 그랬었지. 웬만하면 업무용 핸드폰은 집에 가져가지 않도록 해봐야겠다.

초록빨강은 '실험심'이라고 배웠다. 5월 들어서 C씨가 회사에 잘 안 나오는데, 지금 파랑이어서일까? 하긴, 하루가 멀다하고 야근만 하면 누구라도 파랑이 되겠지. C씨에게 영업 업무를 너무 많이 준 것 같다. 파랑이어도 상관없다는 초록파랑 상태를 C씨에게 말해주면 어떨까? 이것도 실험해 봐야겠다. 같이 사우나에 가자고 해볼까? 고민된다. 이것도 추가로 실험해 봐야겠다.'

'6월 30일. 이제는 후배들의 상태도 3색으로 볼 수 있게 되었다. 예전에는 후배들의 태도나 말에만 신경 썼는데, 지금은 몸 상태를 관찰하고 있다. 항상 부딪히기만 하는 D씨는 빨강인 것 같다. 신경이 곤두서 있는 거겠지. 빨강은 무엇인가를 지키기 위해 작용하고 있다고 배웠는데, D씨는 무엇을 지키고 있는 걸까. 약한 모습을 보이기 싫은 걸까? 아니면 본인의 고객들을 지키고 있는 걸까? 도대체 무엇일까?

다음 달부터 후배들의 면담이 줄줄이 잡혀 있는데, 폴리어를 알려줘 볼까? 반응이 어떨지……. 나는 폴리어를 배우고 나서 꽤 편해진 것 같기도 하다. 하나하나 '왜일까?'라고 생각하지 않게 되었다. 이걸 꼭 알려줘야겠다.'

'7월 15일. 너무 더워서 불쾌지수가 올라가는 것은 빨강.

불쾌감을 느끼고 나서 몰려오는 피로감은 파랑. 빨강 상태나 파랑 상태에서 일이 손에 잡히지 않는 건 지극히 자연스럽고 당연한 현상이다. 나뿐만 아니라 후배들에게도 매번 이야기해 주고 싶다.

후배 C씨와 면담했다. 폴리어를 가르쳐줬더니 생각보다 흥미가 생긴 것 같았다. 본인의 멘털이 약한 줄 알았다고 눈물을 흘렸다. 힘들었겠지……. 당분간은 야근을 자제하고, 매주 수요일에는 조퇴하기로 했다. 그리고 몸을 돌보라는 말도 전해줬다. 몸에 조금은 신경 쓰며 생활했으면 좋겠다.'

B씨의 폴리어 면담

B씨는 폴리어를 활용해 몸을 의식하며 생활했더니 몸 상태도 좋아지고, 일도 순조롭게 풀렸다고 합니다. 이 체험을 바탕으로 후배의 모습을 관찰한 이후로는 후배 몸의 색, 즉 후배의 몸 상태에도 흥미를 갖게 되었습니다.

그렇게 함으로써 후배가 일을 어떻게 생각하는지를 '성격이나 능력의 결과'에서 '몸 상태의 결과'라는 관점으로 바꾸어서 보게 되었습니다.

그러자 후배의 컨디션이나 심신 상태를 조정해 주고 싶다는 기분이 들었습니다. B씨가 후배 C씨와 폴리어로 면담하는 장면을 살펴보겠습니다.

B씨(이하 B) "요즘 어때?"

C씨(이하 C) "부장님께 폴리어 얘기를 들은 이후로 멘털이 약했던 게 아니라 몸 상태가 좋지 않았던 거라고 생각하게 됐어요. 그렇게 생각하니까 이유는 잘 모르겠지만 잠도 잘 자게 됐고, 술도 줄여야겠다는 생각이 들더라고요."

B "그래? 잘됐네. 나도 예전엔 그랬어. 일이 잘 안 풀릴 때나 인간관계로 고민할 때는 내 능력이 부족해서, 내 성격이 이상해서라고 생각했거든? 그런데 폴리어를 배우고 나서는 '몸이 흥분하고 있는 건가? 신경이 곤두서 있는 건가?'라는 생각이 들면 물을 마셔보기도 하고, 출출하기도 하고 당이 떨어져서 그럴 수도 있으니 뭐라도 좀 먹어보기도 하고, 밖에 나가서 공기를 마셔보기도 하고, 스트레칭하기도 해. 뭐 이런 브레이크를 생각하는 게 별것 아닌 것 같지만 중요하다는 사실을 알게 됐지."

C "의지와는 상관없이 그냥 신경이 곤두서거나 브레이크가 걸려서 움직임이 둔해지는 때가 분명히 있죠. 어렴풋이 그런

상태라고 생각은 하고 있었는데, 솔직하게 인정할 수가 없었어요. 근데 그게 신경이나 몸의 반응이라고 하니까 있는 그대로 받아들이게 된 거죠."

B "회사에서도 건강 경영이다 뭐다 하면서 건강검진을 꼭 하라고 하긴 하는데, 구체적으로는 아무런 지시가 없는 상태지. 대사증후군에 걸리지 않게 조심하라는 말뿐이고. 되도록 초록 상태를 유지하고자 노력하는 건 굉장히 중요하다고 생각해."

C "저도 그렇게 생각해요. 지금까지 초록이라는 개념이 없었어요. 빨강이나 파랑밖에 없었죠. 일은 곧 전쟁이잖아요. 이기느냐, 지느냐. 이 두 가지 선택지만 생각했어요. 보수적인 회사에 다녀서 그랬을 수도 있고요."

B "블렌드라는 개념이 있는데, 내가 말했던가?"

C "그게 뭐였죠?"

B "일은 초록빨강 블렌드가 중요한 것 같아. 마음 놓고 싸우고, 누군가와 함께 싸우고, 노는 것처럼 활동하는 감각이야. 일을 이런 감각으로 하면 좋겠다는 생각 안 들어?"

C "정말 그렇네요. 긴장감 가득한 분위기에서 일하면 그러기가 어렵죠. 신경이 바짝 곤두선 상태라는 건 정말 새빨간 상태에서 일하고 있다는 말이겠네요. 아무리 생각해도 초록

이 중요한 것 같아요. 액셀에도 초록이 섞이는 게 좋겠어요. 스포츠도 웃는 얼굴로 경기하고, 서로 목소리도 내면서 싸우고, 팀워크를 중요시했을 때 승리라는 결과를 얻기 쉬우니까요."

B "어, 맞아. 그런 느낌이야. 어떻게 하면 다들 초록을 느끼는지, 어떻게 하면 몸이 초록이 되는지, 어떻게 하면 몸이 안심할 수 있는지가 중요한 부분이지. 몸이 초록이 될 수 있는 환경을 만들고, 몸이 초록이 될 수 있도록 고민하고 마음을 재정비하는 데에 가치를 둬도 좋고. 회사 전체가 초록이 될 수 있도록 노력하면 좋겠는데……."

C "할 수 있는 게 뭐가 있을까요? 심호흡만 해도 효과가 있기는 하더라고요. 초록은 오감을 사용하면 좋은 거였던가요? 너무 조용하면 음악을 틀어놓는다든가, 편안한 복장으로 일을 한다든가, 테이블에 계속 앉아 있지만 말고 몸을 자주 움직여 준다든가……. 노트북을 사용해서 각자의 책상이 아닌 다른 장소에서 일하는 것도 좋겠네요. 와이파이만 있으면 일은 어디에서든지 할 수 있으니까요. 계속 앉아 있지만 말고 서서 일하는 것도 괜찮을 것 같아요."

B "맞아, 실현할 수 있을지는 모르겠지만 일단 아이디어를 내서 이야기해 보는 것도 좋지. 초록빨강은 '놀이'라고 하니

까, 우리끼리 놀면서 일하자. 내가 참가했던 연수회에서는 보드게임을 추천해 주더라고. 'Achievus'라는 게임이었는데, 중요한 건 게임을 하고 나서 나누는 이야기래. 그래서 게임을 하고 무엇을 느꼈는지, 무슨 생각을 했는지 회고하는 시간을 중요하게 생각하더라. 그 대화 자체가 초록을 키워준다고 하더라고."

C "게임이요? 게임 같은 건 해서 뭐 하냐는 말도 나올 것 같은데요? 그런 말을 하는 사람은 몸이 빨강이겠죠. 가성비나 효율성에 가치를 두는 사람이라면 놀이를 받아들이기 힘들 것 같아요. 이제 빨강과 초록빨강의 차이를 알겠어요. 저도 그런 연수회에 한번 참가해 보고 싶어요. 시험 삼아 해보거나 실험해 보는 건 놀이겠죠. 하긴, 놀이에 집중할 때는 창의력이 풍부해지니까 업무에는 도움이 많이 될 것 같아요."

B "그렇지. 지금 생각해 보니까 언제 초록빨강이나 놀이 모드가 필요한지, 언제 전투 모드인 빨강이 필요한지 판단해서 자유롭게 넘나드는 게 중요한 것 같아."

C "맞아요. 놀이를 경험하면 뭐가 중요한지 생각하다가 결국에는 모두 다 중요하다는 결론에 이르게 되니까요."

B씨와 C씨가 대화하는 모습에서 무엇을 느끼셨나요? 왜인지 편안하고 자유로운 분위기가 느껴지지 않았나요?

또, A씨와 B씨의 '폴리어 생활'을 통해 일상생활에서 폴리어가 어떻게 사용되는지 이해하셨나요?

여러분들도 꼭 폴리어 일기를 써보시기 바랍니다. 그리고 폴리어(3색이나 블렌드)를 사용해서 대화해 보세요. 폴리어 학습은 외국어를 습득하는 일과 비슷합니다. 쓰고 말하며 실제로 사용해 보는 것이 중요합니다.

폴리어를 배우는 사람과 함께 폴리어로 이야기하면 더 빨리 익숙해집니다. 같이 배우다 보면 초록이 반응하고, 초록 빨강 상태에서 배울 수 있기 때문입니다. 꼭 도전해 보세요.

3장 총정리

- 일상생활에 폴리어를 활용하는 포인트

① 내 몸 상태를 3색 신경계로 관찰한다.

② 블렌드 개념을 사용하여 자신의 상태를 관찰한다.

③ 상대방의 상태를 3색 신경계로 관찰한다.

④ 내 3색은 상대방이 가진 3색의 영향을 받기도 하고, 상대방이 가진 3색에 영향을 주기도 한다. 어느 한쪽이 원인이라고 생각하지 말고, 서로 영향을 주고받는다고 생각하자.

- 이상 네 가지의 시점으로 스스로나 인간관계를 관찰하면 폴리어를 충분히 활용하고 있다고 말할 수 있다. ①부터 순서대로 도전해 보자.

4장

초록을 늘리는 방법

1

초록을 늘리는 방법이란?

다시 한번 말씀드리지만, 이 책에서는 폴리어를 더욱 건강하게 사용하기 위해 **'빨강과 파랑은 그대로, 초록을 활용하는 생활하기'**라는 키워드를 소개하고 있습니다. 4장에서는 이 키워드에 대해 더 자세히 살펴보겠습니다.

빨강이나 파랑을 줄이려고 지나치게 의식하지 않는다

앞서 설명한 바와 같이 빨강과 파랑은 소중한 것을 지키고자 애쓰는 상태입니다. 여러 가지 환경이나 상황에 직면해서 싸우거나 멀어지고, 때로는 멈추면서 몸이 생명이나 소중한 것을 지키고자 대처하고 있다는 증거입니다.

그렇기에 빨강과 파랑을 벗어나려는 노력은 이미 고군분투하는 상태에서 더 힘을 쏟으며 어떻게든 바꿔보려는 형태가 되기 때문에 몸은 굉장히 힘들고 불편하다고 느끼게 됩니다. 즉, 빨강 신경이 멈춰지지 않는 악순환의 고리에 빠지는 것입니다.

그러면 어떻게 해야 할까요? 바로 **'초록을 활성화하는'** 전략입니다.

초록을 늘리면 지나치게 많은 부분을 차지하고 있는 빨강과 초록이 조금씩 줄어든다는 사고법입니다. 어디선가 한 번쯤 접해보셨을 텐데, '목이 짧은 기린이 떠오르지 않도록 노력해 보세요'라는 말을 들으면 도리어 목이 짧은 기린이 떠오릅니다. 무엇인가를 생각하지 않도록 노력하면 오히려 의식하게 되므로, 결국 떠오르게 된다는 말입니다. 한편 '코가 긴 코끼리를 상상해 보세요'라는 말을 들으면 '결과적으로' 목이 짧은 기린은 떠오르지 않게 됩니다.

폴리어의 균형 잡기도 이와 비슷합니다. **빨강과 파랑 반응이 일어나지 않도록 하는 노력 자체가 오히려 빨강과 파랑**

을 의식하게 합니다. 또 노력이라는 행위가 빨강 신경과 관련되어 있으므로, 빨강이 반응하지 않도록 하는 노력이 더욱 빨강 반응을 늘려 결과적으로는 악순환이 되는 것입니다.

따라서 초록을 늘리는 발상이 중요합니다. 초록을 늘리면(즉, '코가 긴 코끼리'를 상상하면) 결과적으로 빨강과 파랑이 줄어든다는('목이 짧은 기린'은 상상하지 않는다) 사고법입니다.

또, 초록이 늘면 2장에서 소개한 블렌드 현상도 늘어납니다. 즉, 빨강과 파랑이 더욱 활성화된 상태에서 반응하여 나타난다는 것입니다. 이와 관련된 내용은 5장에서 자세히 다루겠습니다. 반복해서 말씀드리지만, '빨강과 파랑은 그대로, 초록을 활용하는 생활하기'가 중요한 키워드입니다.

초록이 반응하고 있다는 사실을 알 수 있는 방법은?

'초록을 활용하는 생활하기'라고 말씀드렸는데, 지금 내가 초록 상태인지는 어떻게 하면 알 수 있을까요? 더 자세하게 고민해 봅시다.

초록, 파랑 모두 부교감신경계의 신경이므로 브레이크로

분류됩니다. 파랑은 비교적 강한 브레이크입니다. 졸리거나, 긴장이 풀리거나, 머리가 멍해지거나, 편히 쉬거나 눕고 싶어집니다.

한편, 초록은 '부드러운 브레이크'로, 조금 마음이 놓이고, 기세가 누그러지며, 갑자기 힘이 빠집니다.

생리적인 반응으로 초록이 되었다고 느낄 때는 언제일까요? 맥박이 규칙적인지를 보면 가장 쉽게 알 수 있습니다. 그러면 호흡도 자연스럽게 차분해집니다. 느리고 깊은 호흡으로 바뀝니다. 또, 근육이 이완되므로 어깨의 힘이 빠져 솟아 있던 어깨가 내려갑니다. 얼굴 근육도 이완되므로 눈꼬리가 내려가고 입꼬리가 올라가며 웃는 얼굴로 바뀝니다.

마음이나 몸의 반응이 이와 같은 상태라면 초록 신경이 반응하고 있다고 생각해도 됩니다.

초록 상태인지 알 수 있는 메트로놈 체험

여기서 한 가지 체험을 해볼까 합니다. **'메트로놈 체험'**입니다.

스마트폰이나 노트북으로 구글에 '메트로놈'이라고 검색

메트로놈 체험

해 보세요. 그럼 상단에 구글이 제공하는 메트로놈이 나옵니다. 수치는 1분간 울리는 소리의 횟수(BPM)입니다.

우선 '60'으로 설정한 후 재생해서 들어봅시다. 기분이나 몸의 감각은 어떤가요? 기억해 두시기 바랍니다.

다음은 '200'으로 설정한 후 재생해서 들어봅시다. 기분이나 몸의 감각은 어떤가요?

마지막으로 '40'으로 설정한 후 재생해서 들어봅시다. 기분이나 몸의 감각은 어떤가요?

어떻습니까? 여러분의 자율신경계가 반응했나요? 초록, 빨강, 파랑이 반사적으로 작용하지는 않았나요? 체감했다면 그 자체로 충분합니다.

이로써 소리도 자율신경을 자극할 수 있다는 사실을 알 수 있습니다. 여러분의 자율신경이 메트로놈이 내는 자극(음의 빠르기나 질감)을 감지하고, 몸이 반응하는 방법을 액셀이나 브레이크로 조절하고 있는 것입니다.

대략 구분하자면, 200의 음을 들으면 빨강이 반응하고, 40의 음을 들으면 파랑이 반응하며, 60의 음을 들으면 초록신경이 반응합니다. 물론 어디서 듣는지, 누구와 듣는지, 어떤 컨디션에서 듣는지에 따라 바뀌는 경우도 있습니다.

자신이 초록 상태인지 아닌지를 확인하는 데 메트로놈이 유용할 듯하여 4장 서두에 소개해 보았습니다. 꼭 도전해 보세요.

2

관찰이 첫걸음

그러면 초록을 살리는 생활이란 실제로 어떤 생활일까요? 크게 다음과 같은 두 가지로 나눌 수 있습니다.

① 셀프로 초록 상태 만들어가기

② 타인과 함께 초록 상태 만들어가기

우선 ① '셀프로 초록 상태 만들어가기'를 활성화하기 위한 힌트부터 소개합니다. 앞서 말씀드렸듯이, 초록도 특정 자극에 의해 발생합니다. 앞서 든 예시에서는 눈앞에 동물이나 아기가 있으면 어떤 반응이 나오는지에 대해 설명해 드렸습니다.

천진난만한 아기는 초록으로 가득 차 있겠지요. 그런 아기 옆에 있으면 나도 모르게 표정이 풀어지고 목소리가 높아집니다. 이렇게 자동으로 나오는 우리의 생리 반응은 '나 무서운 사람 아니야, 안심해'라고 아기에게 보내는 비언어적 메시지라고도 생각할 수 있습니다.

'많은 사람이 안심할 수 있는 얼굴과 목소리의 표정'이라는 것이 있습니다. 전 세계 공통이지요. 예를 들면 웃는 얼굴입니다. 웃는 얼굴이 자연스럽게 나올 때는 초록 신경이 활성화되고 있다는 뜻입니다. 여러분이 초록이 되는 자극을 받으면 여러분의 몸도 초록이 되고, 여러분의 초록이 상대방에게도 전해져 상대방도 초록이 됩니다. **'초록의 상호작용'**이 완성되는 것입니다.

즉, 초록 신경을 활성화하려면 **'우선 내가 초록이라는 사실을 아는 것'**이 중요합니다. 초록 신경은 빨강과 파랑에 비해 뚜렷하게 두드러지지 않는 반면, 빨강과 파랑일 때는 상대적으로 몸과 마음이 지쳤기 때문에 기억에 남기 쉽습니다. '욱했네', '저런 걸 내가 왜 했지?', '우울해졌어', '깜빡 졸아버렸네'와 같이 빨강이나 파랑일 때는 비교적 선명하게 기억됩니다.

한편, 초록은 부드럽고, 평화롭고, 여유롭고, 안심할 수 있고, 감사함을 느끼는 감각입니다. 어떻게 보면 눈에 띄지 않아 자연스럽게 흘러가는 이미지이죠.

이런 점을 고려하여 일단은 **'내 초록 신경이 작용해서 마음이 놓였을 때, 평온해졌을 때, 여유롭게 시간을 보낼 수 있을 때'를 느껴보시기 바랍니다.** 그리고 어떤 자극을 받아서 초록이 되었는지, 무엇을 만나서 초록이 되었는지, 어떤 환경에 있어서 초록이 되었는지 자극과 반응을 세트로 관찰해 보세요. 폴리어로는 이를 **'초록 찾기'**라고 부릅니다.

나의 '초록 찾기'를 해보자

그렇다면 **여러분의 몸을 초록으로 바꿔준 자극이나 환경은 무엇인가요?**

집으로 돌아가는 지하철 안에서 본 석양, 맛있게 밥을 먹는 반려견의 모습, 향수를 불러일으키는 '추억의 맛'을 봤을 때, 예쁜 무지개를 봤을 때.

혹은, **여러분의 몸을 초록빨강으로 바꿔준 자극이나 환경은 무엇인가요?**

응원하던 팀이 우승했을 때, 좋아하는 가수의 영상을 볼 때, 동심으로 돌아가 자녀 또는 친구와 함께 놀 때. 나름대로 세운 목표를 달성했을 때.

혹은, **여러분의 몸을 초록파랑으로 바꿔준 자극이나 환경은 무엇인가요?**

온천이나 사우나를 끝내고 대자로 뻗어 누워 있을 때, 같이 있으면 편한 사람에게 "수고했어, 푹 쉬어."라는 말을 듣고 여유롭게 휴식을 취할 때, 오랜만에 편한 사람과 만나 포옹이나 악수를 할 때, "고생했네."라는 말을 듣고 긴장이 풀려서 눈물이 나올 것 같을 때.

저는 여러분의 몸이 어떤 자극이나 환경에 부딪혀서 초록·초록빨강·초록파랑이 되었는지 아주 궁금합니다. 여러분도 꼭 본인의 몸이나 신경에 관심을 기울여 보세요.

이렇게 **언제 몸이 초록으로 반응하는지를 관찰하는 것이 초록을 살리는 생활의 첫걸음**입니다. '내 초록 신경은 이러한 조건들이 갖춰지면 반응하는구나'를 직접 체험하고 이해하는 것이 중요합니다.

몇 분이든, 몇 초든 잠시면 충분합니다. 조금이라도 긴장이 풀어지고, 편안하게 힘이 빠지고, 설레거나, 흥미가 생기거나, 맥박과 호흡이 느려지는 때가 반드시 있습니다. **과거**

나 미래가 아닌, '지금 여기'에 의식을 집중하면 차분해지는 때가 분명히 있습니다. '지금 여기'를 관찰하고 떠올려서 집중해 봅시다. 이것이 첫걸음입니다.

초록이 반응하기 쉬운 환경 만들기

지금까지 살펴본 바와 같이 '내 초록 신경도 반응하고 있구나'라는 체감이 든다면, 다음은 **초록이 반응하기 쉬운 환경 만들기, 초록이 반응하기 쉬운 환경에 나가보기**에 도전해 봅시다.

이미 여러 번 말씀드렸듯 초록은 의지로 작용하는 것이 아니라, 외부 자극에 반응하는 것입니다. '초록이 되겠다'라는 발상을 하기보다는 **어떤 환경에서 내가 초록이 되는지**를 생각해 보는 편이 좋습니다. 그리고 **초록 반응을 더 늘리기 위해서는 어떤 환경을 조성해야 하는지**를 생각해 보시기 바랍니다.

예를 들면, 내가 어떤 때 초록이 되는지에 대해 다음과 같이 회고한 분이 있었습니다.

- 욕조에 들어가 있을 때 편안함을 느꼈습니다. 어떻게 하면 더 기분이 좋아질 수 있을까 고민하다가 입욕제를 풀어보자는 생각이 들었습니다. 그러다 보니 퇴근하다 생활용품점에 들르는 일이 많아졌습니다.
- 평소 가던 길과 다른 길로 퇴근했더니 석양이 매우 예쁘게 보이는 장소를 발견해서 초록이 되었습니다. 어떻게 하면 초록이 더 늘어날지 고민하는 와중에 사진을 찍어놓고 가끔 다시 보면 좋겠다는 생각이 들었습니다. 더 예쁘게 찍을 방법은 없을까 생각하다가 사진 찍는 법이나 카메라에도 흥미가 생겼습니다.
- 스트레칭 폴에 등을 대고 흔들흔들 움직였더니 초록이 되었습니다. 어떻게 하면 더 기분이 좋아질지 고민했더니, 따뜻한 욕조에 들어갔다 나와서 스트레칭 폴을 하면 더 초록이 될 수 있을 것 같다는 생각이 들었습니다. 실제로 시도해 봤더니 상당히 좋았습니다.

어떻습니까? 특별히 색다르지 않지요. 지극히 평범합니다. 하지만 이 꾸준함이 굉장히 중요합니다. **'평온함'이란 곧 평범한 것입니다. 화려하고 마법 같은 것이 아닙니다.** 소소한 행복이지요.

이렇게 초록이 반응하는 상태를 관찰하여 무엇에 반응하는지를 인지하고, 어떻게 하면 초록이 더 많아질까를 끊임없이 고민해 봅시다.

폴리어로는 **'초록 반응이 많아지면 많아질수록 몸은 조정된다'**라고 해석합니다. 여러분이 초록 반응을 인지하고 조율함으로써 초록과의 거리감을 좁힌다면(조정한다면), 몸과의 커뮤니케이션이 더욱 원활해져 더 나은 삶을 살 수 있습니다. 또, 다양한 문제를 보다 쉽고 간단하게 극복할 수 있는 컨디션을 만들 수 있습니다.

괴로운 상태에서 벗어나기 위해 지나친 자극을 원하지 않기

여기서 중요한 사실을 말씀드리겠습니다. 빨강이나 파랑 상태가 계속되면 괴롭기 때문에 누구나 '빨리 힘든 상태에서 벗어나고 싶다', '행복해지고 싶다', '기분이 좋아졌으면 좋겠다'라고 생각할 것입니다. 그럴 때는 괴로운 상태를 잊을 수 있을 만한 강한 자극을 원하기 마련입니다.

매운 음식을 먹거나, 술을 마시거나, 자극적인 드라마 또는 영화를 보거나, 볼륨을 높여 음악을 듣거나, 콘서트에 가거나, 친구와 떠들썩하게 놀게 됩니다.

이런 행동을 부정하고 싶지는 않지만, **'이걸 하지 않으면 빨강이 될 것 같아서 무섭다', '이걸 하지 않으면 파랑이 될 것 같아서 두렵다'라는 생각이 들면 고민이 더 복잡해지는 것입니다.**

한번 강한 자극을 받으면 다음부터는 더욱 강한 자극을 원하게 되어 주량이나 술을 마시는 빈도가 늘고, 약의 힘을 빌리고, 도박에 빠지고, 혹은 다른 사람에게는 말할 수 없는 '멈출 수 없는 행동'이 늘게 됩니다.

저를 찾아오시는 환자분들 중에서도 예시와 같은 의존 상태의 신경계로 괴로워하는 분들이 있습니다. 이 경우 역시 포인트는 '초록 찾기'입니다.

초록 찾기는 강한 자극에 비하면 상당히 평범하므로, 막 회복하기 시작한 시기에는 어떻게든 개선해 보고자 화려한 마법을 찾으려다 보니 오히려 괴로워지기도 합니다.

하지만 점점 초록 감각을 맛보게 되면 평범함과 평온함이 얼마나 가치 있는지 알게 됩니다.

이것들은 신체감각을 동반한 변화로, 회복한 사람들의 체험담이 도움이 되는 경우가 많습니다. 또, 빨강과 초록빨강의 차이를 체험할 수 있다면 회복 의향이 있는 것입니다. 이에 대해서는 5장에서도 자세히 설명하겠습니다.

3

오감을 의식하여 초록 반응 만나기

이제부터는 초록 반응이 일어나기 쉬운 몸의 구조(메커니즘)에 관해 설명하겠습니다. 실제로 초록을 느낄 수 있는지 테스트해 보기 위한 여러 가지 방법을 소개하겠습니다.

신경은 외부 세계의 오감을 통해 반응한다

오감은 시각, 청각, 미각, 후각, 촉각을 말합니다. 인간은 이런 감각으로부터 자극이나 정보를 받아들여 3색으로 반응합니다. 각각의 감각에 대해 자세히 알아봅시다.

시각

여러분은 무엇을 보면 몸이 초록이 되나요? 여러분의 눈은 보고 싶은 것을 보고 있나요? 눈이 좋아하는 것을 보여주고 있나요?

'눈 호강'이라는 표현을 들어보셨지요? 폴리어로는 이를 '초록 메이커(초록으로 만들어주는 것) 보기'라고 표현할 수 있습니다.

보고 싶지 않은 것을 보거나, 위험하고 불안해서 '그것'을 보고 있을 때는 빨강이 됩니다. 아무것도 보고 싶지 않을 때는 파랑이 되지요.

사람들 대부분은 동물이나 식물이라는 자연을 보면 초록이 된다고 합니다. 특히 새끼 동물이나 꽃의 싹, 떡잎 등을 보면 초록이 된다는 사람이 많습니다. 자연은 초록 아우라를 발산하고 있기 때문에 우리 몸도 초록이 될 가능성이 높아집니다.

지금 여러분의 눈은 무엇을 보고 싶어 하나요? 여러분의 몸은 무엇을 보면 초록이 되나요?

청각

여러분은 무엇을 들으면 몸이 초록이 되나요? 여러분의

귀는 듣고 싶은 소리를 듣고 있나요? **'귀 호강'** 하고 있나요?

듣고 싶지 않은 것을 듣거나, 위험하니까 '그것'을 듣고 있을 때는 몸이 빨강이 됩니다. 아무것도 듣고 싶지 않을 때는 몸이 파랑이 되지요.

사람들 대부분은 동물이나 식물과 같이 자연이 느껴지는 소리를 들으면 초록이 된다고 합니다. 또는 앞서 말씀드렸듯이 메트로놈의 템포가 60~80BPM이면 초록이 된다는 사람도 많습니다. 편안함을 느끼는 주파수도 연구 중이라고 합니다. 528Hz(헤르츠)나 396Hz가 편안함을 느끼는 주파수라고 합니다.

'그 사람의 목소리를 들으면 편안해져', '이 사람의 노래를 들으면 힐링돼', '정말 멋진 하모니야'와 같이 표현할 수 있는 소리도 있지요.

지금 여러분의 귀는 어떤 소리를 듣고 싶어 하나요? 여러분의 몸은 무엇을 들으면 초록이 되나요?

미각

여러분은 무엇을 먹으면 몸이 초록이 되나요? 여러분의 혀는 먹고 싶은 것을 맛보고 있나요? **'입 호강'** 하고 있나요?

먹고 싶지 않은 것, 마시고 싶지 않은 것을 맛보거나, 의무적으로 먹을 때는 몸이 빨강이 됩니다. 아무것도 먹고 싶지 않을 때는 몸이 파랑이 되어 쉬고 싶은 상태입니다.

음식이 주는 미각 자극은 미각을 느끼는 뇌에도 정보가 전달되지만, 우리가 의식하지 못하는 사이에 자율신경을 통해 타액 분비나 소화기계를 조정하는 것 같습니다. 미각 자극에 따라 쾌감 또는 불쾌감이라는 감각도 반응합니다.

또, 컨디션에 따라 맛이 변한다고 합니다. 예를 들어 한약은 쓰다는 이미지가 있지만, 사실 컨디션에 맞는 한약을 먹으면 기분이 좋아진다고 합니다. 저나 제가 만나는 환자들은 몸 상태가 회복되고 컨디션이 바뀌면 같은 한약을 먹더라도 맛이 달라지는 경험을 몇 번이나 했습니다.

지금 여러분의 혀나 입은 어떤 맛을 보고 싶어 하나요? 여러분의 몸은 무엇을 먹으면 초록이 되나요?

후각

시각과 연동되는 후각도 굉장히 중요한 입력 감각입니다. 특히 식사할 때는 미각뿐만 아니라 후각도 동시에 느낍니다. 먹고 있지 않아도 불쾌한 냄새가 나면 음식이 맛없을 거라고 상상해 버리는 경우도 있습니다. 반대로 좋은 냄새가 나는 음식은 먹기 전부터 맛있는 감각을 느끼기도 합니다.

여러분은 어떤 냄새나 향기를 느끼면 몸이 초록이 되나요? 여러분의 코는 좋은 향을 맡고 있나요? **'코 호강'** 하고 있나요?

향수나 방향제를 판매하는 회사는 감귤류, 비누, 플로럴류, 과일류 등 향을 다방면으로 연구하고 있습니다.

아기 냄새를 좋아하는 사람도 많습니다. 동물이나 사람한테 페로몬이 나오는지에 관한 연구도 활발히 이루어지고 있지만, 아직 밝혀지지 않은 내용이 많은 듯합니다. 초록이 되는 페로몬, 빨강이 되는 페로몬이 있을 수도 있습니다. '아로마 세러피'라는 분야도 있지요.

지금 여러분의 코는 어떤 향기를 맡고 싶어 하나요? 여러분의 몸은 어떤 향을 맡으면 초록이 되나요?

촉각

여러분은 어떤 것을 만지면 몸이 초록이 되나요? 여러분의 피부는 어떤 것과 닿고 싶어 하나요? **'피부 호강'** 하고 있나요?

동물을 만지면 마음이 편안해진다는 사람이 있습니다. 좋아하는 쿠션을 껴안고 자거나 좋아하는 타월을 두르고 자면 잠이 잘 온다는 사람도 있습니다. 탄산욕탕에 들어갔을 때의 감촉을 좋아하는 사람도 있습니다. 사우나 안에서 느꼈던 더위와 떨어지는 땀의 감촉, 사우나 후에 찬물을 끼얹으면 땀이 한꺼번에 씻겨 내려가는 감촉이 행복하다고 하는 사람도 있습니다.

촉각에도 여러 가지가 있습니다. 손에 닿는 감촉, 발에 닿는 감촉, 발로 밟는 감촉, 온몸으로 느끼는 감촉, 혀끝으로 느끼는 감촉, 공기를 느끼는 감촉 등 다양한 피부 감각이 있습니다.

지금 여러분의 피부는 어떤 것에 닿고 싶어 하나요? 여러분의 몸은 어떤 감촉을 느끼면 몸이 초록이 되나요?

어떠신가요? 이처럼 다섯 가지 감각을 자극할 수 있는 활동을 일상생활 속에서 꼭 시도해 보시기 바랍니다. 즉, 다섯 가지 '보양'을 하는 것입니다. 지금 눈앞에 있는 것을 '보고', '듣고', '맛보고', '맡고', '만지는' 것에 집중하면 초록 신경이 쉽게 반응합니다.

다섯 가지 감각이 동시에 기분 좋아질 수 있도록 고민해 보는 것도 좋겠습니다.

4

마인드풀니스로 초록 활성화하기

저는 **'지금 여기에 있는 것'에 의식을 집중하고, '지금 여기에 있는 것'과 연결되면 초록 신경이 활성화된다**고 생각합니다. 그런 의미에서 다음과 같은 질문을 자문자답하는 연습을 해보면 어떨까요?

'지금 여기서 뭐가 보여? 세 개만 말해봐.'

'지금 여기서 뭐가 들려? 세 개만 말해봐.'

'지금 여기서 어떤 느낌이 들어?'

이런 식으로 오감을 사용할 수 있도록 자문자답하는 습관을 꼭 들여보시기 바랍니다. '지금 여기에 있다'라는 것과 연결되는 활동은 **'마인드풀니스'**라는 단어로 설명할 수 있습니다. 이제부터 마인드풀니스를 소개해 드리겠습니다.

마인드풀니스란?

'마인드'는 '마음이나 의식', '풀'은 '채운다'라는 의미입니다. 즉 '마인드풀니스'는 '마음이나 의식을 채운다'라는 뜻이 됩니다. 저는 마인드풀니스를 **'지금 여기에 있는 것에 마음을 집중하는 행위'**라고 정의합니다.

마인드풀니스는 원래 동양사상에 오랜 세월 존재했던 정신성을 기반으로 해외 전문가들이 연구를 거듭하여 탄생시킨 개념입니다. 즉, 동양인의 문화 중에 존재했던 사고방식이 역수입된 형태입니다.

예를 들어 다도나 꽃꽂이, 서예, 무도 등 전통 예술을 익힐 때는 다양한 동작이나 자세가 요구됩니다. '도'를 따르며 수행하는 동안 무엇을 관찰할지, 어떻게 몸을 움직일지, 무엇을 어떻게 느끼고 행동할지를 몇 번이나 반복하고 기억합니다. 저는 이 모든 것이 '지금 여기에 있는 것에 마음을 집중하는 행위'라고 생각합니다.

'마인드풀니스란 무엇인가'를 생각할 때는 '마음이 흩어져 있는 상태'도 알아두는 것이 중요합니다. **마음이 흩어져 있는 상태란, '마음이 여기 있지 않은' 상태**를 말합니다.

> **마음이 흩어져 있는 상태의 예시**
>
> - 의식이 과거나 미래에 쏠려 있다.
> - 의식이 결과나 효과에 향해 있다.
> - 의식이 '사고', '잡념', '해석'에 집중되어 있다.

이러한 상태를 '마인드리스 상태'라고 표현하기도 합니다. 마인드리스 상태를 알면 마인드풀니스 상태(지금 여기에 마음을 집중하는 상태)를 더 깊게 이해할 수 있습니다.

마인드풀니스의 삼각형

그럼 마인드풀니스는 어떻게 이루어질까요? **'마인드풀니스의 삼각형'**이라는 그림을 이용해 설명하겠습니다.

'지금 여기에 마음을 집중한다'라는 것에 의식을 쏟는 것이 중심 대상입니다.

다만, 우리처럼 평범한 사람들은 잡념에 의식이 끌려가기

마인드풀니스의 삼각형

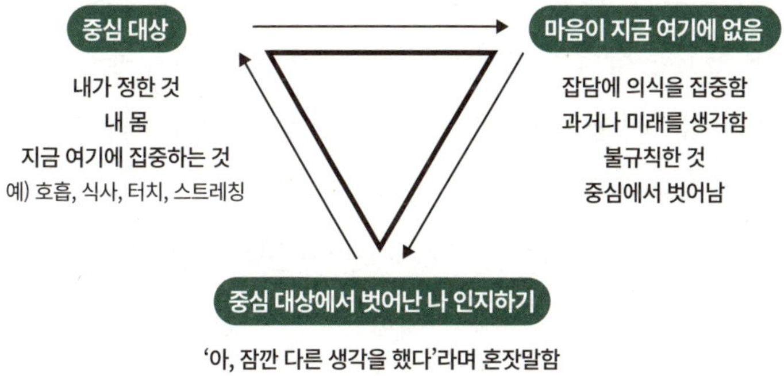

마련입니다. 마음이 여기에 없는 상태가 됩니다.

그때 '마음이 여기에 없는 나'를 인지하게 됩니다.

그리고 다시 '지금 여기에 마음을 집중하는' 행위에 '돌아가는' 것이 중요합니다.

이렇게 **'의식이 다른 곳으로 쏠려도 다시 돌아가는' 행위**가 제가 생각하는 마인드풀니스입니다.

마인드풀니스나 명상이 화두에 오르면 잡념을 없앨 수는 없다고 말하는 사람도 있습니다. **이 책에서 추천하는 마인드풀니스는 잡념 없애기를 목적으로 하지 않습니다. 잡념이 있어도 상관없습니다. 오히려 있는 편이 좋습니다.**

중요한 것은 **'잡념에 빠져 있는 상태임을 깨닫고 중심 대**

상으로 돌아가는' 행위입니다. 왜 잡념이 있는 편이 좋을까요? 바로 **'잡념에 빠져 있음을 깨닫고 중심 대상으로 돌아가는' 행위는 잡념이 있어야 가능**하기 때문입니다. 마인드풀니스의 삼각형을 떠올리면서 중심 대상으로 돌아가기를 여러 번 시도해 봅시다.

여기서 말하는 중심 대상이란 **'마음을 집중하는 것'**을 가리킵니다. 지금 여기에 존재하는 것이 있다면 무엇을 중심 대상으로 하든 상관없습니다.

5

다양한 마인드풀니스와 중심 대상

그렇다면 몸의 어떤 곳을 중심 대상으로 마인드풀니스를 실천하면 좋을지에 대해 설명하겠습니다.

마인드풀니스 호흡

우선 **'마인드풀니스 호흡'**을 알아봅시다. 마인드풀니스 호흡은 지금 여기에서 호흡(공기의 흐름)하고 있는 몸을 중심 대상으로 합니다. 예를 들면 코나 입, 호흡과 함께 작용하는 폐나 배가 해당됩니다. 그중에서 좋아하는 부위를 골라 진행해 봅시다.

배의 움직임을 포함한 호흡을 중심 대상으로 골랐으면, 다음과 같이 진행해 보세요.

마인드풀니스 호흡 실천하는 법

- 호흡하면서 작용하고 있는 배를 중심 대상으로 하고 의식을 계속 집중한다.
- 어느새 잡념이 떠올라 의식이 잡념 쪽으로 쏠린다.
- 중심 대상으로부터 멀어져 있는 나를 인지하고, 다시 내 페이스대로 작용하는 호흡과 배에 의식을 집중한다.

이 순서대로 계속 반복합니다. 이때, 오감을 의식하며 사용하기 위해 배를 만지면 더 마인드풀한(호흡에 마음을 집중하는) 상태가 됩니다. 여러분 스타일대로 커스터마이징해 보세요. 처음에는 2~3분 정도로 진행하면 됩니다. 기준점을 낮추고, 목표를 세분화해 보세요.

호흡은 들이마시고 내뱉는 행위로 이루어집니다. **들이마실 때는 빨강 신경(액셀)이 작용하기 쉽고, 내뱉을 때는 초록이나 파랑 신경(브레이크)이 작용하기 쉽습니다.** 따라서 빨강을 작용시키고 싶을 때는 들이마시는 호흡을 중심으로, 초록이나 파랑 신경을 작용시키고 싶을 때는 내뱉는 호흡을 중심으로 하면 됩니다.

호흡에는 코호흡과 입호흡 두 가지가 있지만, 초록을 활성화하려면 **코호흡을 추천합니다.** 입은 먹고 말하게 하고, 코는 호흡하게 합시다. 빨강 신경이 반응하고 있을 때는 대량의 산소가 필요한 상태이므로 입으로 호흡하게 됩니다.

또, 코호흡을 쉽게 하려면 코를 관리하는 것이 중요하기 때문에 **코 세척**도 추천합니다. 양치만큼 코 세척도 중요합니다. 이 두 가지는 몸 안에 이물질이 들어가지 않게 하기 위한 중요한 행위입니다. 코호흡과 입호흡에 대해서는 뒤에서 다시 이야기하겠습니다.

또, '마인드풀니스 호흡'을 폴리어로는 **'초록 호흡'**이라고 부릅니다. 반대로 '정확하게 호흡해야 한다', '호흡을 잘해야 한다'라는 생각으로 호흡하고 있는 경우는 '빨강 호흡'이라고 합니다.

초록 호흡은 결과나 효과를 기대하지 않고 내려놓으며 그저 지금의 호흡을 관찰하는 것입니다. '코나 폐, 배가 어떻게 움직이고 있을까?'라며 관찰하고 호흡하고 있는 상태를 호흡에 마음이 집중되어 있다' 혹은 '초록 호흡을 하고 있다'라고 표현합니다.

또 마음이 흩어져 있는 빨강 호흡을 알면 호흡에 마음이 집중된 상태인 초록 호흡도 알 수 있게 됩니다. 초록 호흡과 빨강 호흡의 차이를 조금이라도 이해했다면 그 자체로 충분합니다.

일단 2분이라도 좋으니 지금 여기에 있는 공기를 받아들이는 호흡에 의식을 집중하여 초록 호흡, 즉 호흡에 마음을 집중해 보세요.

우선은 시도가 중요합니다. 그럼 실천해 봅시다.

마인드풀니스 식사

다음으로 **'마인드풀니스 식사'**를 소개합니다. 중심 대상을 지금 여기에 있는 음식이나 음료를 맛보는 행위로 합니다.

마인드풀니스 식사 실천하는 법

- 지금 입안에 있는 음식이나 음료를 맛보는 행위를 중심 대상으로 하고 의식을 계속 집중한다.
- 어느새 잡념이 떠올라 의식이 잡념 쪽으로 쏠린다.
- 잡념에 빠져 있는 나를 인지하고, 다시 내 페이스대로 '지

금 맛보고 있는 것'에 의식을 집중한다.

이 순서대로 계속 반복합니다. 이때, 오감을 의식하여 사용하기 위해 음식을 만지거나 음료의 향을 맡으면 더 마인드풀하게 맛볼 수 있습니다.

초록이 되기 위해서는 식사 중에 '씹는' 행위도 굉장히 중요합니다. **초록 신경은 턱이나 목과도 관계되어 있습니다. 그리고 초록 신경이 반응하면 타액(침)도 분비됩니다.** 타액에는 음식을 맛있게 느끼는 성분이 포함되어 있습니다.

빨강이나 파랑 신경이 반응할 때도 타액이 약간 분비되기는 하지만, 초록 신경이 작용할 때 분비되는 타액 성분과는 다르다고 합니다. 안진한 장소에서 마음 편한 사람과 먹으면 맛있다고 느끼는 이유는 몸과 신경의 상호작용 때문입니다.

씹는 행위가 늘어나면 타액이나 위산 분비도 원활해집니다. 타액이나 위산이 순조롭게 작용하면 음식이 소화되고, 소장에서 영양을 흡수하기가 쉬워집니다. 씹는 행위는 소장에 상당히 도움을 주지요.

특히 **빨강 신경은 전투 모드이므로, 음식을 제대로 씹어 먹기가 어렵기 때문에 서둘러 먹어 치우게 됩니다.** 그러면 위장의 움직임도 활발해지기 어렵고, 소화불량으로 이어질 가능성이 높아집니다. 하지만 초록파랑의 신경이 반응해 주면 위장의 움직임이 활발해지고, 소화 흡수가 원활해지며, 에너지가 충전됩니다.

그렇기에 '마인드풀니스 식사'는 마음뿐만 아니라 몸에도 좋은 행위입니다. 이러한 이미지를 염두에 두면서 식사를 즐겨 보시기 바랍니다.

또, **'씹는' 행위에는 리듬이 있습니다.** 리듬은 초록 신경과 관련이 있습니다. 즉, 리듬에 마음이 담겨 있을 때, 리듬에 몸을 맡기고 있을 때, 리듬과 한 몸이 되었을 때 저는 초록 신경이 반응하고 있다고 봅니다.

껌을 씹어도 좋습니다. 씹는 행위를 중심 대상으로 한다는 것은 우물우물하며 씹는 리듬, 지금 여기에 존재하는 리듬에 집중한다는 말입니다.

음식의 맛과 향을 음미하면서, 씹는 리듬에도 마음을 담아보면 더 마인드풀한 감각을 느낄 수 있습니다.

마인드풀니스 워킹

다음으로 **'마인드풀니스 워킹'**을 소개합니다. 중심 대상을 지금 여기에 있는 땅을 밟으며 걸어가는 '발의 감각'으로 합니다.

마인드풀니스 워킹 실천하는 법

- 지금 땅을 밟는 기분을 느끼며 계속 걸어본다.
- 어느새 잡념이 떠올라 의식이 잡념 쪽으로 쏠린다.
- 잡념에 빠져 있는 나를 인지하고, 다시 내 페이스대로 '지금 땅을 밟는 기분'에 의식을 집중한다.

이 순서대로 계속 반복합니다. 오감을 의식해서 사용하기 위해, 산책할 때 **지금 여기에 있는 경치를 보거나, 지금 여기에서 들리는 소리에 귀를 기울이거나, 지금 여기에서 느껴지는 공기의 향기를 느끼며 걸으면 더 효과적입니다.** 의식하고 있으면 밟았을 때 기분 좋은 장소를 찾게 될 것입니다.

반대로, 생각에 잠긴 채 바닥을 보며 하는 산책이나 스마트폰을 보면서 하는 산책은 마인드풀 산책이라고 할 수 없겠지요.

조금 전 씹는 행위에는 리듬이 있다고 소개해 드렸는데, 걷는 행위에도 리듬이 있습니다. 그 리듬을 중심 대상으로 하는 것도 좋습니다.

1, 2, 3, 4, 1, 2, 3, 4……. 이렇게 숫자를 세다 보면 의식을 집중하기 쉽다는 분도 있습니다. 혹은 좋아하는 음악의 리듬을 느끼며 걷거나, 지금 걷고 있는 '이 리듬'의 템포와 같은 노래를 흥얼거리며 걷기를 중심 대상으로 해도 좋습니다.

어떤 리듬이든 좋으니 **지금 여기서 걷고 있다는 행위에 중심 대상을 두고, 잡념에 빠지더라도 다시 원래 상태로 돌아올 수 있도록 계속해 봅시다.**

마인드풀니스 스트레칭

다음으로는 **'마인드풀니스 스트레칭'**을 소개합니다. 중심 대상을 지금 움직이는 '근육의 감각'으로 합니다.

마인드풀니스 스트레칭하는 법

- 몸을 움직여 현재 근육의 감각에 의식을 집중한다.
- 어느새 잡념이 떠올라 의식이 잡념 쪽으로 쏠린다.
- 잡념에 빠져 있는 나를 인지하고, 다시 내 페이스대로 '지금 근육의 감각'에 의식을 집중한다.

이 순서대로 계속 반복합니다. 눈을 감아야 '근육이 늘어나는 느낌'이 더 잘 느껴진다면 눈을 감아도 됩니다. 근육을 늘리면서 기분 좋은 감각을 계속 느껴보세요.

근육은 온몸에 있습니다. **목, 어깨, 팔, 등, 엉덩이, 허벅지, 종아리 등 다양한 근육을 늘리면서 그 감각을 중심 대상에 놓고 시도해 보세요.**

일상생활에 마인드풀니스 적용하기

지금까지 호흡, 식사, 걷기, 스트레칭 네 가지를 소개했습니다. 이 네 가지는 일상에서도 쉽게 할 수 있어 실천하기 좋습니다.

평소에 호흡하거나 식사할 때, 잠깐이라도 좋으니 지금 여기에 있는 호흡이나 음식에 마음(의식)을 담아 시도해 보세요.

반복하다 보면 결과적으로 초록 신경이 쉽게 반응하게 됩니다. 예를 들면 빨강 신경이 반응하고 있을 때, 마인드풀하게 호흡하거나 걸으면 점차 초록 신경이 반응할 가능성이 높아집니다.

즉, 긴장하거나 짜증이 날 때 지금 여기에 있는 호흡이나 식사 등에 의식을 집중하면 조금씩 부드러운 브레이크(초록)가 반응할 확률이 높아진다는 말입니다.

6

얼굴, 머리, 혀, 목 자극하기

정확히 말하면 초록은 '복측미주신경집합체'라고 합니다. 명칭이 좀 길지요. '복측미주신경집합체'는 다시 '복측미주신경'과 '집합체'로 나뉩니다. 복합체는 다른 신경과 '연동되어 있다'라는 의미입니다. 조금 더 구체적으로 설명해 보겠습니다.

초록(복측미주신경복합체)은 복측미주신경과 안면신경, 설인신경, 부신경, 삼차신경을 포함합니다. 복측미주신경은 심장의 움직임이나 호흡의 빠르기를 부드럽게 하는 신경, 그 외의 신경은 얼굴, 머리, 혀, 목에 관련된 신경이라고 생각하면 됩니다. 즉, **'얼굴, 머리, 혀, 목의 움직임'이 '부드러운 심**

아이우베 체조

장의 움직임'과 관련되어 있다는 것입니다.

따라서 초록 신경이 반응하게 하려면, 즉, 심장의 움직임이 부드러워지게 하려면 얼굴, 머리, 혀, 목 등을 자극하면 효과적입니다.

그렇다면 이제부터 이 초록의 특징을 바탕으로 **초록 신경이 반응하는 힌트**를 소개하겠습니다.

아이우베 체조

후쿠오카에 위치한 미라이 클리닉의 이마이 카즈아키 원장님이 고안한 '아이우베 체조'는 누구나 쉽게 할 수 있는 얼굴 체조로, 원래는 입호흡을 코호흡으로 바꾸기 위해 만들어졌습니다. 다음 네 가지 동작을 순서대로 반복하면 됩니다. 소리는 내도 되고, 내지 않아도 됩니다.

아이우베 체조하는 법

① '아-' 하고 입을 크게 벌린다.

② '이-' 하고 입을 옆으로 길게 벌린다.

③ '우-' 하고 입을 최대한 앞으로 내민다.

④ '베-' 하고 혀를 아래로 쭉 내민다.

①~④를 1세트로 하고, 1일 30세트를 기준으로 매일 반복합니다.

실제로 시도해 보면 아시겠지만, 특히 얼굴과 혀가 자극됩니다.

아이우베 체조에 추가로 레몬같이 시큼한 음식을 먹었을 때 나오는 표정, '메롱' 하는 표정, 눈싸움하는 표정, 우스꽝스러운 표정 등을 해봐도 좋습니다.

초록은 '안심과 연결'이 키워드이므로, 편한 사람과 함께하면 초록이 더욱더 늘어나겠지요. 믿을 수 있는 부모님, 자녀, 가족과 함께해도 좋습니다. 또, 여기서 소개한 표정을 짓고 있는 사람(사진 또는 동영상)을 보는 것도 좋습니다.

코 가글, 목 가글, 양치질

원래 아이우베 체조는 코호흡을 원활하게 할 수 있도록 만들어진 체조입니다. 코를 관리하는 방법으로는 **'코 가글'**을 추천합니다. 정확히 말씀드리자면 코 가글은 상인두(코와 목 사이, 코 안쪽의 막혀 있는 곳) 케어가 목적입니다. 이곳은 초록 신경에 중요한 부분이라고 알려져 있습니다. 상인두에 염증이 생기면 여러 가지 질병에 걸릴 위험이 커진다고 합니다(자세한 내용은 참고문헌의 홋타 오사무 선생님의 책을 참고하시기 바랍니다).

반대로 말하면, **상인두를 케어하면 여러 가지 증상이 개선될 가능성이 높아지는 동시에 초록이 되기도 쉬워집니다.**

코 가글뿐만 아니라 목을 젖혀서 하는 목 가글도 초록 신경을 자극합니다. 양치질도 중요한 관리 방법으로, 치아뿐만 아니라 부교감신경계도 케어할 수 있기 때문에 초록이 반응하기 쉬워집니다.

코 가글, 목 가글, 양치질을 한 세트로 매일 반복하면서 초록이 활성화될 수 있는 토대를 만들어봅시다.

얼굴 자극

초록 신경은 얼굴을 중심으로 한 상체에 분포되어 있습니다. **초록 신경을 반응하게 하려면 '얼굴 자극'이 효과적이라고 합니다.**

얼굴에도 다양한 부위가 있지요. 눈, 귀, 볼, 입, 머리나 쇄골까지 포함시켜 봅시다.

예를 들어 '자극을 준다'라고 하면 '조심스럽게 터치한다', '가볍게 누른다', '쓰다듬는다', '주무른다', '잡는다', '톡톡 두드린다'와 같이 손으로 자극을 줄 수도 있고, 물수건으로 얼굴을 닦는 등 차갑고 뜨겁게 자극을 줄 수도 있습니다.

얼굴에 자극을 주기 위해서 여기서 소개한 부위와 자극을 여러분 나름대로 자유롭게 조합해서 시도해 보면 좋을 것 같습니다.

자극하면 좋은 부위로는 눈썹 위, 미간, 눈꼬리, 눈 밑(코 옆), 코 밑, 관자놀이, 아랫입술 아래, 턱 등 여러 군데가 있습니다. 이 부위들을 톡톡 두드리기만 해도 되고, 그냥 만지기만 해도 됩니다. 얼굴에는 다양한 신경이 존재하므로 어디를 만지면 기분이 좋은지 여러분만의 자극 포인트를 찾아 이곳저곳 시도해 보세요.

얼굴 피부 안쪽에 있는 초록 신경을 상상하며, 말을 걸듯이 자극을 줍니다. '기분이 좋다', '마음이 놓인다', '편안하다'라는 감각이 느껴졌다면 초록 신경이 반응하기 시작한 것입니다.

또, 여기서 초록을 활성화하는 올바른 방법을 제시하지 않고, '다각도로 시도해 보세요'라고 권유하는 이유를 눈치채셨나요? 잘 모르겠다면 0장을 다시 한번 읽어보시기 바랍니다.

7

초록은 '흔들림'

폴리바갈 이론을 정리한 포지스 박사에 따르면, **복측미주신경이 작용하고 있을 때 심장의 움직임은 '건강한 부정맥' 상태로, 약간의 '흔들림'이 있어** 규칙적이지 않다고 합니다. 심장의 움직임이 적당히 빨라지거나 느려지는 상태가 더 건강하다는 것입니다.

여기서 힌트를 얻어, 폴리어에서는 **'적당히 빨강이 되고 적당히 파랑이 되는 것이 건강하다'**라고 표현하고 있습니다. 그리고 **'빨강과 파랑 모두 중요한 삶을 살다 보면 어느샌가 초록이 된다'**라고 생각합니다. 여기서 파생된 **'A와 B 모두 소중히 하면 초록이 된다', '초록이 되면 정반대로 보이는 A**

나 B 모두 소중히 할 수 있다'라는 표현도 사용합니다.

빨강과 파랑 두 가지 신경만 반응하고, 초록이 적은 상태는 '움직이느냐, 멈추느냐'의 상태입니다. '할 것인가, 말 것인가?', '갈 것인가, 말 것인가?', '살 것인가, 죽을 것인가?'와 같이 양자택일을 하고 싶을 때는 빨강파랑 상태라고 말할 수 있겠습니다. 이러한 생각이 든다면 성격을 탓하지 말고, 신경계가 빨갛거나 파랗게 되어 있다고 생각하세요.

초록은 빨강과 파랑을 모두 감싸안으며 아우르는 이미지입니다. 블렌드의 개념에서 설명한 것처럼, **초록빨강과 초록파랑을 왔다 갔다 하는 듯 흔들리는 상태가 초록**입니다. 앞에서 소개한 마인드풀니스의 삼각형으로 설명할 수 있습니다.

- 중심 대상을 정해 마음(의식)을 계속 그곳에 향하도록 한다.
- 과거나 미래 등 잡념이나 다른 것에 의식이 쏠린다.
- 잡념에 빠져 있는 나를 인지하고, 중심 대상으로 되돌아간다.

이 세 가지를 반복하는 과정이 마인드풀니스라고 설명했습니다. **중심 대상을 정한 후 되돌아간다는 움직임 자체가 초록 신경이 반응하는 상태라고 간주합니다.**

'동적평형'이라는 말도 있습니다. 초록 신경이 반응하고 있는 상태는 정적이라기보다는 동적인 상태입니다. 그래서 초록신경이 작동하면 '움직일 것인가, 멈출 것인가?, '할 것인가, 말 것인가?'와 같이 대립적인 감각이 아닌, '움직일 수도 있고, 멈출 수도 있고', '해도 좋고 안 해도 좋고'라고 생각하게 되는 경향이 있습니다.

게다가 '하다가 잠깐 쉬고, 또 하다가 잠깐 쉬면 되지', '이럴 때는 하고, 이럴 때는 안 하면 되지 않을까?'라는 생각이 떠오를 수도 있습니다.

액셀(빨강)과 브레이크(파랑) 모두 받아들여지고 있는 감각이 초록이며, 초록 신경이 작용하고 있을 때의 빨강이 초록빨강이고, 초록 신경이 작용하고 있을 때의 파랑이 초록파랑입니다.

왔다 갔다 하며 흔들리는 듯한 이미지가 조금 이해되셨나요? 그렇다면 이 흔들림에 힌트를 얻어 만들어진 운동이자 초록 신경이 쉽게 반응하는 운동을 소개하겠습니다.

스와이소우

스와이소우는 중국의 건강 체조로, 팔을 내던지는 듯이 흔드는 운동입니다. 이 책에서는 세 종류의 스와이소우를 소개해 드리겠습니다.

한의학에는 **'상허하실'**이라는 개념이 있습니다. 상체는 완전히 힘을 빼고, 하체는 땅을 단단히 밟아 튼튼한 상태를 말합니다. 이 상허하실의 상태가 인간 본연의 힘을 발휘할 수 있다는 것이 한의학 발상의 기초입니다. 스와이소우를 습관화하다 보면 상허하실의 상태에 가까워집니다.

특히 스와이소우는 '좌우·위아래·앞뒤'와 같이 양쪽으로 흔들리는 운동입니다. 저는 양쪽으로 계속 흔들리다 보면 결과적으로는 어느샌가 초록 신경이 반응한다고 생각합니다.

스와이소우(좌우)

- 다리를 허리 너비 정도로 벌리고, 무릎은 힘을 뺀 뒤 가볍게 굽힙니다. 상체의 힘을 빼고, 얼굴은 정면을 보면서 골반을 좌우로 움직입니다.
- 상체는 물론, 두 팔의 힘도 완전히 풀려 두 팔이 마치 척추를 중심으로 회전하는 팽이 상태가 됩니다.

- 골반을 좌우로 회전하면 함께 움직이는 두 팔이 몸에 뒤늦게 감겨오는 느낌이 듭니다.
- 어지럼증이 있거나 잠깐 해봤는데 컨디션이 좋지 않다면 무리하지 말고 중단하세요. 반대로 기분이 상쾌해졌다면 몇 분 정도 계속해 보세요.
- 개인적으로는 얼굴이나 팔을 좌우로 흔들기보다는 골반을 돌리면서 상체는 힘을 뺀 채, 얼굴과 양팔은 회전하는 힘이나 중력에 맡기는 방법을 추천합니다.
- 익숙해지면 발바닥으로 바닥을 밟고 있는 감각이 어떻게 바뀌는지, 무릎의 이완-긴장 상태에 따라 기분이나 부드러움이 어떻게 바뀌는지 즐겨보는 것도 좋습니다.

스와이소우(위아래)

- 다리를 어깨너비나 허리 너비 정도로 벌리고, 무릎은 힘을 뺀 뒤 가볍게 굽힙니다.
- 상체의 힘을 빼고, 얼굴은 정면을 보면서 양팔을 어깨높이까지 올린 뒤 양팔을 중력에 맡기듯이 떨어뜨립니다. 그 반동으로 두 팔이 몸 뒤까지 움직입니다.
- 떨어뜨린 팔의 반동을 이용하여 다시 어깨높이까지 올린 후, 중력에 맡기듯이 떨어뜨립니다. 이 동작을 반복

세 종류의 스와이소우

합니다.

- 기분이 상쾌하다면 무리하지 않는 선에서 팔을 내릴 때의 탈진감을 계속해서 느껴봅시다. 좌우 스와이소우와 마찬가지로 발바닥의 감각과 무릎의 부드러운 느낌도 느끼면서 계속해 보세요.

스와이소우(앞뒤)

- 다리를 허리 너비 정도로 벌리고, 무릎은 힘을 뺀 뒤 가볍게 굽힙니다. 상체의 힘을 빼고, 얼굴은 정면을 보면서 양팔을 번갈아 가며 앞으로 쭉 뻗습니다.
- 갈비뼈 주위의 힘이 풀리는 느낌이 들도록 손은 먼 곳까지 쭉 뻗어 가슴 높이까지 올립니다.
- 얼굴은 정면을 향한 채, 손을 올리고 뻗을 때는 골반을 움직이지 말고 갈비뼈를 회전시키는 느낌으로 합니다.
- 무리하지 말고 편안함이 느껴지는 만큼만 계속해 보세요. 팔을 흔들고 상체의 힘을 빼면서 하체가 땅과 연결되는 감각을 느껴보세요.

좌우·위아래·앞뒤 등 다양한 각도에서 떠올려보기

스와이소우 이외에도 이런 '좌우·위아래·앞뒤'를 키워드로 하여 초록 반응을 자극하는 움직임을 찾아보시기 바랍니다. 요가나 다양한 체조와 운동도 좋고, 여러분 스스로 기분이 상쾌해지는 움직임을 연구해 봐도 좋습니다.

다시 한번 말씀드리지만, 어떤 운동을 하든 주의할 점이 있습니다. **올바른 방법에 연연하지 않는다**는 것입니다. 빨강 상태에서는 아무리 열심히 스와이소우를 해도 초록으로 바뀌지 않습니다. 기분이 상쾌하고 편안하다면 계속하고, 조금이라도 불편하다면 중단해야 합니다.

올바른 방법을 고집하지 말고, '지금 내 몸은 기분 좋은 상태일까?', '어떻게 해야 더 기분이 좋아질까?'를 고민하며 초록빨강 상태에서 운동을 즐겨보시기 바랍니다.

긴장과 이완의 흔들림

좌우·위아래·앞뒤로 왔다 갔다 하는 움직임뿐만 아니라 긴장과 이완을 반복하는 움직임도 초록 신경이 반응하는 키워드입니다. **'근이완법'**이라는 완화법이 있습니다. 근육은 이완하려고 해도 쉽게 이완되지 않습니다. 그런데 **근육은 의식적으로 긴장시킨 뒤 한 번에 탈진하게 되면 쉽게 이완된다는 성질이 있습니다.** 이 원리를 응용한 방법이 근이완법입니다.

제가 임상 현장에서 자주 시행하고 있는 근이완법은 상체의 다양한 근육을 한 번에 이완시키는 방법입니다. 적당한 강도로 근육에 힘을 주었다가 빼는 것입니다. 이 방법은 마쓰바라 히데키 선생님(前 서일본 정신건강센터 종합상담실장)이 고안했습니다.

- 두 팔을 앞으로 내밀고 주먹을 쥔 뒤 긴장된 전완근을 느껴봅시다.
- 팔을 구부려서 주먹을 어깨 쪽으로 가져온 뒤 긴장된 상완을 느껴봅시다.
- 그 상태로 어깨를 올립니다. 어깨 근육이 긴장 상태라는 점을 인지합시다.
- 어깨를 올린 채 가슴을 펴기 위해 두 주먹을 좌우로 벌리고, 머리를 뒤로 젖혀 위를 올려다보며 목덜미의 긴장을 느껴봅시다.

- 이 상태가 상체의 다양한 근육을 전부 긴장시키고 있는 상태입니다. 목, 등, 팔, 어깨 등의 근육이 긴장 상태라는 점을 인지합시다.
- 3~5초 정도 긴장시킨 뒤 모든 근육을 한 번에 툭 탈진시킵니다. 이때, 의식을 집중해서 지금까지 긴장하고 있던 근육들이 느슨해지는지 관찰해 보세요. 따뜻해지는 감각이나 따끔따끔하고 찌릿찌릿한 감각, 톡 쏘는 감각을 느낄 수 있을 것입니다.

이렇게 근육이 풀어지는 과정을 5~10초 정도 계속 느껴보세요.

긴장시킨 뒤 한 번에 이완시키는 과정을 여러 번 반복함으로써 적당한 긴장 또는 적당한 이완을 경험할 수 있습니다. 이 반복에 초록 신경이 반응하고 있다고 생각하면 됩니다.

여기서 소개한 근이완법뿐만 아니라 요가 등 대부분의 운동에는 긴장과 이완이 반복됩니다. 긴장과 이완을 반복하면 초록 신경이 반응합니다. **'긴장'이 빨강, '이완'이 파랑, 긴장과 이완을 반복하다 보면 초록이 반응**하는 느낌으로 시도해 보세요. 초록 신경을 키우기 위해 여러분만의 긴장과 이완의 흔들림을 개발해 보는 것은 어떨까요?

근이완법

흔들림을 보고, 듣고, 체험하기

흔들리고 있는 무언가를 '보고, 듣고, 체험하면' 초록 신경이 반응한다고 합니다. 흔들림은 자연현상 속에 있는 움직임이라고도 할 수 있습니다.

파도칠 때 밀려오는 물결의 모습, 새싹이 흔들리고 있는 모습, 수면에 반사된 태양(달)의 빛, 촛불의 불꽃 등은 자연에서 볼 수 있는 흔들림입니다.

지나치게 거친 흔들림이라면 우리의 몸은 빨강이 되겠지만, 부드러운 바람에 반응하는 새싹의 흔들림을 계속 보고 있으면 초록이 될 가능성이 높아집니다.

흔들리는 소리를 듣는 행위도 몸을 초록으로 만들어줍니다. 물 흐르는 소리, 폭포 소리, 모닥불 타는 소리, 빗소리 등 부드럽게 흔들리는 자연의 소리는 우리를 초록으로 이끌어줍니다.

악기의 음색에 초록 신경이 반응할 때도 있습니다. 적당히 흔들림 있는 바이올린의 음색에 영향을 받을 수도 있을 것입니다. 독특한 흔들림을 내는 악기도 있습니다. 핸드팬이나 칼림바라는 악기를 아시나요? 그 독특한 음색에 초록이 반응한다는 사람도 있습니다.

단순한 이완 효과를 넘어서 트랜스 상태로 이끄는 악기도 존재합니다. 세상에는 다양한 악기가 있으니 각 악기의 음색을 연구해 보는 것도 추천합니다.

흔들림을 체험하면 초록이 되는 경우도 있습니다. 예를 들어, 튜브 등 안전한 도구를 사용하면서 파도의 흔들림에 몸을 맡기는 체험입니다. 또, 승마를 하는 사람은 말에 걸터앉아 산책할 때 초록이 되겠네요. 적당한 흔들림에 몸을 맡기면 우리들의 초록 신경이 반응해 줄 것입니다. 초록 상태에 있는 어른에게 흔들흔들 안겨 있는 아이도 초록입니다. 초록은 서로 영향을 주고받습니다.

이렇게 자연에 존재하는 부드러운 흔들림을 보거나 듣고, 체험하면 우리의 몸은 초록이 되어갑니다. 이를 **'계속 볼 수 있는 것', '계속 들을 수 있는 것'**이라고 표현하기도 합니다.

이렇게 여러분이 좋아하는 흔들림을 꼭 찾아서 체험해 보시기 바랍니다. 충분히 만족했거나 지루함이 느껴진다면 또 다른 흔들림을 찾아봅시다.

8

터치의 효과

스스로 초록을 활성화할 수 있는 마지막 방법, 터치를 소개하겠습니다. 초록 신경은 안전이나 안심을 느꼈을 때 반응합니다. 아기가 양육자에게 안겨 보호받고 있다는 감각이 원형입니다. 포옹, 즉 살과 살이 부드럽게 닿아 있는 감각으로부터 안전함을 느끼는 것입니다.

폴리어에서는 상대방이 초록이 되는 터치를 **'초록 손'**이라고 부르며, 상대방의 몸이 빨강이나 파랑이 되는 터치를 **'빨간 손'**이라고 부릅니다. 손이 닿으면 상대방의 신경 상태를 잘 알 수 있습니다.

어떤 손이 닿으면 내 몸이 초록이 되는지 연구해 보세요.

신경정체나 요육정체(6장 참고)에서도 터치를 중요하게 생각합니다.

제가 병원에서 연수를 하면 환자분 스스로 **'셀프 터치'**를 하는 경우가 있습니다. 직접 자신의 몸을 만지면서 얘기를 하는 것입니다.

그러다가 빨강이 반응하면 셀프 터치하던 손이 자연스럽게 갑자기 빨라지고, 반대로 파랑이 반응하면 셀프 터치하던 손이 멈추거나 몸에서 멀어지기도 합니다. '아, 또 멈췄네'라며 스스로 인지하고 자신의 몸을 쓰다듬어주면 초록 신경이 반응하기 시작하기도 합니다.

이렇듯 정신건강의학과에서는 셀프 터치를 중요하게 생각합니다(셀프 터치에 관심 있는 분들에게는 참고문헌에서 소개한 나카가와 레이코 씨의 『우리들의 셀프 터칭』을 추천합니다. 저도 환자분들에게 자주 추천하고 있습니다).

터치에도 여러 가지가 있습니다. 단순히 손을 얹는 느낌, 쓰다듬는 느낌, 손의 온기로 따뜻하게 해주려는 느낌, 손을 포개는 느낌, 꽉 잡는 느낌, 주무르는 느낌, 떨리는 느낌 등 다양하지요.

혹은 **'탭핑'**처럼 가볍게 톡톡 두드리는 느낌도 있습니다. 다양한 감각으로 시도해 보세요. '기분 좋다', '편안하다'라는 느낌이 든다면 지금 내 몸에 딱 맞는 방법이라고 할 수 있습니다.

셀프 터치에는 여러 가지가 있지만, 이 책에서는 세 가지를 소개하겠습니다.

합장

합장은 아마 여러분들도 많이 해보셨을 텐데요. 기도할 때 주로 하는 동작이지만, 여기에서는 **손과 손이 맞닿는 감각에 의식을 집중해 보시기 바랍니다.**

왼손의 온기를 오른손으로 느껴보고, 오른손의 온기를 왼손으로 느껴보세요. 그리고 기분이 좋은지, 손의 위치는 가슴 앞이 좋은지, 조금 밑으로 내려보면 어떤지, 위로 올려보면 어떤지, 몸과 양손의 위치가 어느 정도 가까워야 기분이 좋은지 등 조금씩 변화를 주면서 '기분이 좋아지는 양손의 위치'를 찾아봐도 좋습니다. 기분 좋은 양손의 위치를 찾았다면, 양손을 대보고 맞닿은 감각을 느껴봅시다.

그리고 신체 감각이 차분해지고 온화해진다면 초록 신경이 반응하고 있다고 생각해도 좋습니다. 여러분에게 맞는 합장을 찾았다면 식사 전후, 취침 전, 업무의 시작과 끝 등 다양한 타이밍에 합장을 시도해 보세요. 편안한 느낌이 든다면 꼭 루틴으로 정하고, 루틴에 맞춰 일상생활을 해보시기 바랍니다.

셀프 허그

나를 안아주는 셀프 허그도 추천합니다. 오른손을 왼쪽 어깨를 올리고, 왼쪽 손을 오른쪽 어깨에 올려봅시다. 어깨 중에서도 특히 기분 좋은 부위를 찾아보세요. 어깨 위, 어깨와 팔의 관절, 상완, 팔꿈치, 쇄골 부근 등을 만져보고 기분 좋은 부위가 어디인지 시도해 봅시다. 그리고 손을 겨드랑이에 껴보는 것도 추천합니다. 겨드랑이에 주는 힘의 강도도 바꿔봅시다. 어느 정도 힘을 주어야 기분이 좋고 편안한지 시도해 봅시다.

일반적으로 빨강 신경이 반응하고 있을 때는 허그나 터치를 세게 해야 편안함을 느낀다고 합니다. 한편, 파랑 신경이 반응하고 있을 때는 가만히 만지기만 해도 편안함을 느낀다고 합니다. 다양한 감각으로 시도해 보세요.

셀프 허그

눈을 감아야 살이 맞닿는 감각에 쉽게 집중할 수 있다면 눈을 감고 느껴보는 것도 좋습니다. 마인드풀니스의 삼각형에서 설명했듯이 맞닿는 감각을 중심 대상으로 놓고, 정신이 흐트러져도 괜찮다는 마음으로 맞닿는 감각으로 돌아오며 그 감각을 느껴보세요.

또 **'버터플라이 허그'**라는 방법도 있습니다. 셀프 허그는 터치가 중심이지만, **버터플라이 허그는 나비들이 날아오는 것처럼 어깨(혹은 팔)를 톡톡 두드려주는 방법**입니다. 손가락 끝으로 두드리는 방법과 손바닥으로 두드리는 방법이 있습니다. 같은 부위를 두드리는 것도 좋고, 두드리는 부위를 조금씩 바꾸는 것도 좋습니다.

속도, 강도, 리듬 등 다양하게 변화를 시도해 보고 기분 좋은 버터플라이 허그를 찾아보세요.

몇 번, 몇 분간 시도해 본 결과 신체 감각이 평온해지고 차분해졌다면 초록이 반응한 것입니다.

머리 터치

자율신경은 뇌와 각 장기를 잇는 신경입니다. 자율신경은 손으로 직접 만질 수 없지만, 조금이라도 가까이에서 만질 수는 있습니다. 자율신경이 많이 모여 있는 머리 터치도 시도해 보세요.

어떤 부위든 손바닥의 온기나 만져지는 감각을 느껴보셨으면 좋겠습니다. 손에서 따뜻한 에너지가 나오고 있는 이미지를 상상하면서 느껴보세요.

이마 터치도 좋습니다. 양손으로 만져도 좋고, 한 손으로 만져도 좋습니다. 한 손으로는 손바닥 전체를 사용해 터치할 수 있습니다. 열이 있는지 확인하고 싶을 때는 이마에 손바닥을 대보지요. 그 감각을 몇 분간 느껴보는 것도 좋을 듯합니다.

정수리 터치도 좋습니다. 양손으로 하는 경우는 왼손을 머리 위에 올려놓고, 오른손은 왼손 위에 놓고 감촉을 느껴 보세요. 손의 위치를 반대로 해야 더 느낌이 좋다면 반대로 해도 상관없습니다.

뒤통수 터치도 좋습니다. 뒤통수도 양손이든 한 손이든 상관없습니다. 양손으로 하는 경우는 정수리와 마찬가지로 손을 포개어 보세요. 뒤통수를 양손으로 만지면서 작게 무한대(∞) 기호를 그리거나, 뇌의 피로가 풀리는 듯한 모습을 떠올리며 무한대(∞) 기호를 그리면 기분이 좋다는 사람도 있습니다.

머리와 목덜미 터치도 좋습니다. 이곳도 신경이 많이 지나다닙니다. 신경에 대한 배려와 감사를 담아 터치하면 초록이 더 늘어날 것입니다.

9

다른 사람들과 함께 초록 활성화하기

지금까지는 스스로 초록 신경을 활성화할 수 있는 방법을 주로 알려드렸지만, 이제부터는 초록 신경을 활성화할 수 있는 또 다른 방법을 소개해 드리겠습니다. 바로 **'타인과 함께 초록을 활성화하는'** 것입니다.

그 전에 갓난아기는 어떻게 3색 신경을 발달시키는지 먼저 알아보겠습니다.

'개체발생은 계통발생을 반복한다'라는 개념이 있습니다. 포유류의 진화 프로세스는 어류→양서류→파충류→조류·포유류의 순이라고 봅니다. 태아도 이와 비슷한 과정을 거치고 있다는 설입니다. 즉, 어머니의 뱃속에서 어류의 단계, 양서류나 파충류의 단계, 원시적인 포유류의 단계를 거쳐 사람으로 성장하는 모습이 관찰된다는 것입니다.

자율신경은 파랑→빨강→초록의 순서로 발달한다

이 사고방식을 토대로 자율신경계의 성장·발달에 대해 설명하겠습니다. **폴리바갈 이론에서는 맨 처음에 파랑 신경이 발달하고, 다음으로 빨강 신경이 발달하고, 출산 전에 초록 신경이 발달한다고 간주합니다.** 그리고 흥미롭게도 아기는 초록 신경이 발달되지 않은 상태에서 태어난다고 합니다.

사람은 **태어난 뒤 양육자와의 커뮤니케이션을 통해 안전감과 안심감을 체험하며 초록 신경이 발달한다**고 알려져 있습니다. 3색은 나이와 상관없이 성인이 되어도 계속해서 발달합니다. 아이들이 사회에 적응할 때는 마음뿐만 아니라 몸, 신경도 발달합니다. 그 과정에서 초록 신경이 발달된다는 점을 특히 주목해야 합니다.

폴리바갈 이론이 제창되기 전에는 자율신경을 언급할 때 싸우거나 도망가는 교감신경과 편안한 상태에서 휴식을 취하는 부교감신경의 밸런스만 주로 다루었습니다. 이는 개체

내의 신경 균형, 즉 개인 안에서의 이야기가 중심 관점이었습니다.

하지만 폴리바갈 이론에서 복측미주신경복합체(초록)의 신경계가 강조되자, 개체 간·개인 간도 포함한 신경 균형, 즉 인간관계와 자율신경의 관계에 대해서도 거론되었습니다. **복측미주신경복합체가 '사회성 신경'이라고도 불리는 점**에서도 알 수 있듯이, 이것이 폴리바갈 이론의 특징입니다.

초록 신경은 양육자와의 접촉을 통해 발달해 간다고 설명해 드렸습니다.

예를 들어, 아기가 굉음에 놀라 큰 소리로 울고 있다고 합시다. 이 경우에는 빨강 혹은 블렌드된 파랑빨강 신경이 작용하고 있습니다. 심박수와 호흡이 빨라진 상태입니다.

이 모습을 눈치챈 어머니는 "어머, 미안해. 놀랐지?"라고 빠르게 말하며 아기를 업어줄 것입니다. 그리고 아기를 꼭 안고 살살 흔들다 보면 점차 편안하고 부드러운 속도의 말투로 바뀌어갑니다. "많이 놀랐지? 이제 괜찮아"라고 말하며 점차 달래는 속도를 늦춰 '부드러운 브레이크'의 환경을 만들어갑니다.

이러한 경우는 의도적일 때도 있지만, '자연스럽게 그렇게 되는' 상황일 때도 있습니다. '내 아이를 안심시키려면 이렇게 하면 된다'라는 본능이 작용하고 있는 듯합니다.

어머니의 초록 신경이 활성화되면 활성화될수록, 아기의 초록 신경도 활성화됩니다. 마치 신경의 파장이 이동하는 듯, 안고 있는 사람의 초록 신경이 아기에게 가는 듯 동기화되어 가는 것입니다.

우리 업계에서는 이를 **'협동 조정'**이라고 부릅니다. 함께 협동하며 신경을 조정해 가는 행위이기 때문입니다. 아기의 초록이 부모가 가진 초록의 힘을 빌려, 함께 흔들리며 커가는 이미지입니다.

홈과 어웨이 넘나들기

그러면 여기서 오른쪽에 있는 그림을 설명하겠습니다. 가장 왼쪽은 안전 기지에 있는 상태입니다. 당사자에게는 안전한 장소, 마음을 놓을 수 있는 공간, 싸우거나 도망칠 필요 없이 초록 상태로 있을 수 있는 곳입니다.

안전 기지로부터 가까운 장소에서 일어나는 활동은 초록이 많은 초록빨강의 신경이 반응합니다. 바로 안전 기지에 돌아갈 수 있는 안심감 있는 상태로, 능동적으로 활동할 수

안전 기지에서 협동 조정되며 홈과 어웨이 넘나들기

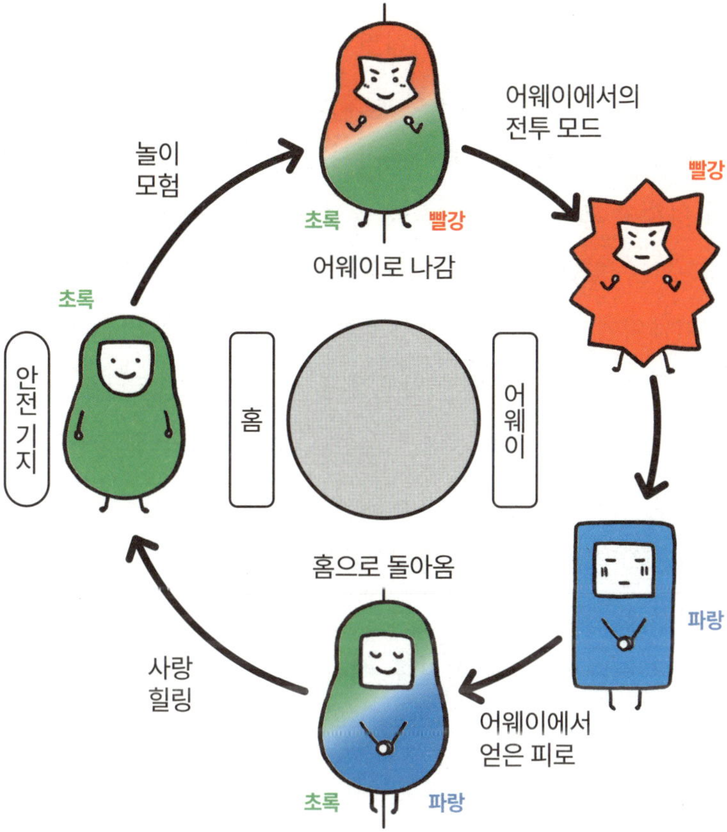

있습니다. 즉, 초록빨강은 놀이로, 자유롭고 주체적으로 활동하는 상태입니다.

안전 기지에서 점점 멀어지면 조금씩 안심감이 줄어드는 활동을 하게 되고, 생각하지 못했던 일도 일어납니다. 점점 초록이 적어지며 빨강에 가까워지게 됩니다. 홈그라운드에서 어웨이 그라운드로 장소를 옮겨서 활동하는 감각이라고 표현할 수 있습니다.

어웨이에서 위험한 상황에 닥치면 빨강이 더욱 민감하게 반응하여 그 대상(물건)과 싸우거나, 그 장소에서 도망쳐 능동적으로 안전한 장소 또는 안심할 수 있는 상황으로 돌아가거나 바꾸려는 생리 반응이 나타나게 됩니다.

몸(신경)이 빨강이어도 좋은 결과가 나오지 않으리라고 판단되면 수동적인 파랑이 되어 안전해질 때까지 혹은 안전한 사람이 올 때까지 기다리거나, 에너지를 최대한 쓰지 않으며 충전하려고 하는 상태가 되기도 합니다.

그런 상황에서 가족의 품이나 우리 집과 같은 안전 기지에 돌아와 조금씩 안정을 찾다 보면 초록파랑 상태로 바뀌며 지금에 의식을 집중하는 감각이 됩니다.

안전 기지에서 가족과 같은 사람이 지켜봐 준다면 우울해도 자신의 파랑을 부정당하지 않고, 흥분하더라도 자신의 빨강을 부정당하지 않습니다. 초록이 블렌드된 공간에서 "고생했어.", "일단 이걸 같이 해볼까?", "우선 혼자서 천천히 해보자."라는 말을 들을 수 있습니다. 그러면 어느샌가 본인도 초록이 조금씩 늘어가는 경험을 하게 됩니다.

빨강이나 파랑 신경이 반응하고 있던 내가 점점 초록파랑이나 초록빨강으로 바뀌며 초록이 늘어나는 느낌, 안전 기지의 공간이나 파장에 따라 '협동에 신경이 조정되어 가는' 느낌입니다. 이제 그림에 대해 이해하셨나요?

같이 있으면 초록 반응이 옮겨 간다

앞서 갓난아기가 협동 조정해 가는 모습을 예시로 소개해 드렸습니다. 쑥쑥 성장하여 걷기 시작하거나 혼자 외출할 수 있게 되더라도 마찬가지입니다. "다녀오겠습니다!"라며 씩씩하게 등교하고, 방과 후에는 밖에서 신나게 놀다가 공원에서 넘어져 다치고, 이웃 아저씨에게 꾸중을 듣고, 친구와 싸우는 등 예상치 못한 상황에 직면할 수도 있습니다.

그 상황에서 그 아이의 신경계가 빨강이나 파랑이 되어 안전이나 안심을 얻고자 필사적으로 노력할 것입니다. 다치거나, 꾸중을 들어 풀이 죽어 있거나, 싸워서 화가 나 있는 상태에서 우리 집이라는 안전 기지에 되돌아갑니다.

그리고 부모님이나 가족에게 상처를 치료받거나, 위로받거나, "일단 같이 목욕하자.", "배고프지? 같이 밥 먹자."와 같은 따뜻한 말을 들으며 초록 상태인 가족의 울타리 안에 있다는 느낌을 받으면 빨강이나 파랑이 자연스럽게 초록이 되어 갑니다.

이렇듯 가족이 가지고 있는 초록의 힘으로 협동 조정되어 가는 프로세스를 몇 번이고 반복하면 자신의 조정력이 키워집니다.

사춘기에 접어들고, 성인이 될 때도 마찬가지입니다. 이전까지는 주로 가족이 협동 조정을 해주는 대상이었겠지만, 점차 학교 선생님, 친한 친구, 선후배, 학원 선생님과 코치님 등 다양한 사람들이 있는 안심과 안전의 공간에 존재하다 보면 초록 신경이 자라나게 됩니다.

초록인 사람들과 함께 있거나 함께하다 보면 초록 반응이 옮겨져 협동 조정되어 갑니다. 그 사람들이 늘 곁에 있어주는 듯한 느낌, 멀리서 지켜봐 주는 듯한 느낌이 들고, '고민을 털어놓으면 위로해 주고 응원해 주겠지?'라는 생각이 들기도 합니다.

신경적인 조정의 자립(자기 조정)

사춘기나 성인기에서는 부모로부터의 자립이라는 심리적 과제가 주어집니다. 물론 이 시기는 심리적인 자립도 중요하지만, 이 책에서는 **'신경적인 조정의 자립'**에 초점을 맞춰보겠습니다. 이를 **'자기 조정'**이라고 표현합니다.

지금까지 설명드린 흐름으로 보면, **자립이란 '협력과 조정을 경험하면서 자기 조정이 가능해지는 것'**이라고 할 수 있습니다.

스스로 빨강 신경과 파랑 신경을 초록 신경으로 바꾸기는 생각보다 쉽지 않습니다. 특히 어린 시기에는 더 어렵습니다. 믿을 수 있는 어른이나 안심할 수 있는 사람이 있는 환경 속에서 점차 자연스럽게 초록 신경이 반응하기 시작합니다. 이처럼 다른 사람들의 차분함이나 온화함과 교류하다 보면 점차 혼자서도 초록 신경을 조정할 수 있게 됩니다.

취업에 성공하여 일을 하게 되어도 마찬가지입니다. 상사, 선배, 후배, 동료 등이 초록으로 대해주는 때가 많거나 본인의 초록 신경이 반응하는 경우, **즉 안전감이나 안도감을 얻을 수 있는 사람이나 환경이 직장 내에 존재하면 협동 조정을 할 수 있기 때문에 자기 조정도 할 수 있게 됩니다.**

직장 환경이 바뀌면 초록 신경으로 교류하는 환경도 변화할 가능성이 높기 때문에 잠시 빨강이나 파랑이 반응할 것입니다. 이럴 때 업무 이외에 초록이 될 만한 커뮤니티 여러 군데에 소속되어 있으면 직장 환경이 변화해도 협동 조정할 수 있는 환경이 보장되기 때문에 크게 무너지지 않습니다. 조직의 일원으로 일할 때나 조직을 이끄는 입장이 되었을 때도 폴리어로 관찰하면서 조정하고, 일하는 것은 매우 중요합니다(참고 문헌의 시라이(2024)와 우메무라(2023)에 자세하게 기술되어 있으므로 참고하시기 바랍니다).

이처럼 부모로부터의 자립이나 인간관계의 발달을 **'신경계 조정 능력의 발달'**이라는 시점에서 보면 여러 가지를 생각해 볼 수 있어 재미있습니다.

안심할 수 있는 사람과 지내며 초록 활성화하기

지금까지 아이의 성장이나 인간관계에서의 초록 조정에 관해 설명했습니다. 이를 바탕으로 본래 주제로 돌아가자면, 4장의 주제는 초록 신경 활성화였습니다. '셀프로 초록 상태 만들어가기'에 덧붙여 이 파트에서는 '타인과 함께 초록 상태 만들어가기'에 대해서도 소개했습니다.

즉, **여러분이 안심할 수 있는 사람과 함께 시간을 보내면 초록이 활성화된다는 말입니다.**

여러분에게 안심할 수 있는 사람은 누구입니까? 안전하다고 느껴지는 사람은 누구입니까?

바로 '싸울 필요가 없는 사람', '비판이나 비난을 하지 않고 있는 그대로의 나를 이해하고 받아주는 사람', '(부모, 자녀, 교사, 학생, 부장, 계장 등의)역할이 아닌 원래의 내 모습을 봐주는 사람'입니다. 또, 인종·성별·병명과 상관없이, 편견 없이 있는 그대로의 나를 이해해 주는 사람입니다.

그런 사람에게 전화를 걸어 서로 근황을 주고받아 봅시다. 메일이나 SNS, 또는 편지도 좋습니다. 직접 만나 이야기를 나누는 것도 추천합니다. 즐거운 추억 이야기에 웃음꽃이 필 수도 있습니다.

그런 사람들에게서 받은 용기 있는 말을 떠올려도 좋습니다. 사진, 편지, 롤링 페이퍼 등이 남아 있다면 더 선명하게 기억날 수도 있습니다.

추억이 담긴 물건들을 손으로 만져보고, 온화하고 차분한 기분이 든다면 **사람들과 함께 한 덕분에 내 초록이 활성화되었다**고 생각해도 좋습니다.

지금까지 초록을 활용하는 방법에 대해 말씀드렸습니다. 셀프로 초록을 활성화하는 방법을 바탕으로, 함께하면 마음이 놓이는 사람과 같이 초록으로 바뀌어 가는 체험도 중요합니다.

셀프로 하는 방법을 안심할 수 있는 사람과 함께 하면 상승효과를 극대화할 수 있습니다. 꼭 도전해 보세요.

4장 총정리

- 오감을 기분 좋게 하면 초록 신경이 반응한다.
- 마인드풀니스란 지금 여기에 있는 것에 마음을 다하는 일이다.
- 스스로 중심 대상을 정하고, 잡념에 빠져도 상관없다는 마음으로 중심 대상으로 되돌아가는 체험을 소중하게 여기자.
- 초록 신경은 얼굴이나 상체에 집중되어 있으므로, 이곳이 자극되는 운동을 하면 초록이 쉽게 반응한다.
- 초록의 포인트는 흔들림이다. 이 개념을 바탕으로 나의 초록 운동을 개발해 보자.
- 긴장과 이완 두 가지 체험에도 초록 신경이 반응한다.
- 안전한 곳에 마음을 놓을 수 있는 사람이 가까이 있으면 초록 신경이 반응한다.

5장

고민 방식이나 체험 바꾸기

1

초록빨강 블렌드 가까이하기

4장에서는 초록 반응을 얻기 위한 노력을 소개해 드렸습니다. 이 노력을 바탕으로 5장에서는 **'지금까지와는 다른 고민 방식이나 체험을 하기 위해 폴리어에서 힌트를 얻는 방법'**에 대해 자세히 알아보겠습니다.

그 방법의 하나로 '블렌드 가까이하기'를 소개합니다. 그리고 5장의 후반부에서는 커뮤니케이션에서 폴리어를 어떻게 쓰는지도 다루어보겠습니다. 우선 초록빨강 블렌드를 가까이하는 방법에 관해 설명하겠습니다.

빨강과 초록빨강의 특징 복습

초록빨강 블렌드를 가까이하려면 우선 **빨강 신경과 초록빨강 신경의 차이를 체감하는 것**이 중요합니다.

복습해 보겠습니다. 빨강은 액셀로, 활동하고 있을 때의 생리 반응입니다. 혈압이나 맥박이 높아지고, 많은 산소를 받아들이기 위해 호흡이 빨라지며, 근육에도 힘이 들어갑니다. 소리가 커지고, 말이 빨라지는 경향이 있습니다. 사람을 안심시키려고 하는 행동보다는 사람을 컨트롤하려는 행동에 의식이 집중되어 있습니다. 상황이나 사람을 바꾸거나 컨트롤하면서 안심하려고 합니다.

즉 '마음을 놓고 싶어서' 상황이나 사람을 움직이려고 하는 상태입니다. '자신의 상태가 어떤지'라는 의식보다도, 상황이나 사람이 어떤지, 현재 상황이나 상대방은 '위험한지 아닌지'에 의식이 집중되어 있습니다. 자신보다도 외부에 의식이 쏠려 있는 것입니다.

'하고 싶어서 한다'라기 보다는, '해야 하니까 한다', '무서워서 한다', '불안해지기 싫어서 한다', '결과가 마음에 걸려서 움직인다' 같은 상태입니다. 참고로 '하고 싶어서 하는 상태'는 '초록빨강이 반응한다'라고 합니다. **'안심하고 싶어서**

한다(빨강)'와 '안심하며 한다(초록빨강)'의 차이입니다.

즉, 빨강 상태는 움직임을 통해 안정을 느끼고, 상황을 바꾸며 안전을 확보하고, 다른 사람이 움직이거나 말하면 안도감을 얻고, 위험한 장소에서 벗어나려 하며, 불쾌한 경험을 피하고자 노력하면서 안정을 얻으려는 신경 상태입니다. 능동적이고 행동적이며 활동적입니다.

불안이나 공포의 정도가 높아지면 높아질수록 빨강의 농도가 짙어집니다. 불안이 강할수록 심박수와 혈압이 높아지고, 호흡수도 증가하여 힘이 가해진 상태가 됩니다.

이 빨강에 초록이 블렌드된 초록빨강에 대해 생각해 봅시다. 초록은 안전감, 안심감, 지금 여기와 이어져 있다는 감각, '같이'라는 느낌, 누군가가 지켜보고 있다는 감각 등이 키워드입니다.

이렇게 **초록 감각이 더해져 능동적이고 행동적이며 활동적인 상태가 초록빨강**입니다. 빨강과 초록빨강의 차이가 그려지시나요? 이러한 블렌드 상태를 꼭 체험해 보시기 바랍니다. 구체적으로 예를 들어보겠습니다.

① 선배의 평가를 신경 쓰는 후배

'선배에게 고맙다는 말을 듣지 않으면 불안하다. 고맙다는 말을 듣고 싶어서 일하고 있다', '선배에게 인정받지 않으면 불안하다. 어떻게 하면 인정받을지 고민하며 일하고 있다'와 같은 상태는 선배의 언행에 안심을 얻고자 하는 행동으로, 불안이나 소외감을 느끼지 않으려는 상태입니다.

이는 빨강 신경이 반응하는 상태입니다. 근육에는 전체적으로 힘이 들어가고, 맥박과 언행도 빨라지며, 시야가 좁아져 있을 가능성이 높습니다.

'음악을 들으며 일을 했더니 선배에게 인정받을 수 있을지 없을지는 관심 밖의 일이 되었다. 그래서 그냥 평소대로 일하면 되겠다고 생각했다.'

'오랜만에 점심시간에 맛있는 밥을 먹었더니 선배의 기분은 더 이상 신경 쓰이지 않았다. 오히려 내 커리어를 쌓고 싶다는 의욕이 생겼다.'

'선배의 언행이 어떻든 나는 지금 눈앞에 있는 일을 묵묵히 해내고 있다.'

이러한 감각은 초록빨강이라고 말할 수 있습니다. 선배의 언행만으로 안심을 얻으려고 하지는 않습니다. 이렇게 했으면 좋겠다는 선배의 컨트롤에 휘둘리지 않고, 나에게 필요한 일이나 지금 하는 일에 의식이 집중됩니다. 그리고, '선배의 언행 이외(음악, 맛있는 음식, 좋아하는 동물, 운동 등)에도 안심감을 얻을 방법이 많아 즐겁게 일하고 있다'라고도 말할 수 있습니다.

빨강에서 초록빨강으로 바꾸려면 아래와 같이 해봅니다.

❶ '선배의 언행이나 기분에서 안도감을 얻는 나'를 인지한다.

❷ 선배의 언행 이외에도 초록이 될 수 있는 방법을 찾아 몸을 조정해 본다(물 마시기, 심호흡하기, 밖에 나가 몸 움직이기, 좋아하는 동물이 나오는 영상 보기 등).

❸ 안도감을 충전한 상태(조금이라도 초록이 증가한 상태)가 되면 원래 하던 일로 되돌아간다.

이 순서대로 하면 초록빨강 상태에서 일할 수 있습니다. 컨트롤하는 대상은 상대방이나 결과가 아니라 우선 내 몸의 컨디션(신경)입니다.

미리 말씀드리자면, '빨강은 틀리고 초록빨강이 맞다'가 아닙니다. 빨강이 필요할 때도 있고, 초록빨강이 필요할 때도 있습니다. 경계를 넘나들며 자유자재로 대응하는 것이 중요합니다. **그리고 빨강으로 일할 때와 초록빨강으로 일할 때는 고민 방식이나 체험이 다릅니다.**

② 학생의 성적 때문에 고민하는 학원 강사

'학생의 성적이 오르지 않으면 불안해서 가르치고 있다', '학생의 성적이 떨어지면 부끄러우니 떨어지지 않도록 가르친다'와 같은 상태는 학생의 성적이라는 결과로 안도감을 얻으려고 하며 불안이나 수치심에서 도망치려는 신경 상태입니다. '불안에서 오는 활동', '창피를 당하지 않기 위한 행동'이기 때문에 빨강 신경이 활발해지고 있는 것이지요. 이를 악물게 되고, 학생들을 대하는 말과 행동에도 힘이 들어가며, 위장도 움직이지 않는 상태가 됩니다.

'학생들이 웃는 얼굴로 즐겁게 배우는 모습을 보니 학생들의 성적과 결과에 집착하는 내 모습이 우습게 느껴졌다. 결과는 어떻게 될지 모르겠지만 지금 할 수 있는 일을 확실히 하려고 다짐했더니 기분 좋게 긴장이 풀렸다.'

'원장님이 "시험 전이니까 감기 안 걸리게 조심하고, 즐겁게 수업하자."라며 기운을 북돋아 주신 덕분에, 결과는 하늘에 맡기고 학생들이 안심하고 배울 수 있도록 지도해야겠다는 용기가 생겼다.'

'학부모님에게 "합격하든 못 하든 선생님이 쉽게 가르쳐 주시는 덕분에 아이가 시험 직전까지 학원에 가고 싶어 하는 것 같네요."라는 말을 들어서 마음이 놓였다. 학생들의 성적만으로 안심하려고 하지 않고, 우선은 내가 차분하게 수업하는 것이 더 중요하다고 느꼈다.'

이러한 감각은 초록빨강이라고 할 수 있습니다. 지도자의 몸이 편안하고 평온한 것이 우선이며, 성적이나 결과는 나중에 따라온다는 느낌으로 학생과 마주하는 상태입니다.

빨강에서 초록빨강으로 바꾸려면 아래와 같이 해봅니다.

❶ '학생의 성적이나 결과로 안심하려고 하는 나'를 인지한다.

❷ 학생의 결과 이외에도 컨디션이 초록이 될 수 있는 방법을 찾아 몸을 조정해 본다(정수리에 손을 대고 호흡 가다듬기, 스와이소우 하기, 따뜻한 음료 마시기, 마음이 평온해지는 사람과 대화하기 등).

❸ 몸 상태가 조정되면(조금이라도 초록이 늘어난 상태) 원래 하던 업무로 돌아간다.

이 순서대로 하면 초록빨강 상태로 가르칠 수 있습니다. 컨트롤하는 대상은 학생이나 결과가 아니라, 우선은 자신의 컨디션(신경)입니다. 그리고 **빨강으로 가르칠 때와 초록빨강으로 가르칠 때는 고민 방식이나 체험이 다릅니다.**

③ 시합 직전에 초조해하는 스포츠 선수

‘저 팀은 어떤 상태일까? 상대방은 어떤 수를 쓸까?’, ‘상대방이 꼼짝도 못 하게 하고 싶다’, ‘나는 올해도 이기고 싶거든? 너(팀 동료) 실수하기만 해봐. 용서하지 않을 거니까’라고 말하는 상태도 빨강이지요. ‘패배’, ‘열등감’을 피하고 싶어서 ‘승리’, ‘상대의 패배’, ‘우월감’만으로 안도감을 얻으려는 신경 상태입니다. 의식이 자신이 아닌, 상대에게 집중되어 있으며, 싸우거나 도망가고 있는 빨강 상태입니다.

‘우리들이 연습해 온 걸 시합에서 보여주기만 하면 돼. 그동안 우리를 서포트해 준 가족들에게도 감사하자.’

‘동료나 팀플레이가 가장 중요해. 서로 서포트해 가면서 경기하자.’

‘이기든 지든 상관없어. 후회 없이 우리 경기를 하면 돼.’

이러한 감각은 초록빨강이라고 할 수 있습니다. 승패의 결과나 우월감 등에서 안도감을 얻으려고 하지 않습니다. 외부(상대 팀)뿐만 아니라 자신들의 팀, 자신들이 중요하게 생각하는 가치, 연습해 온 시간 등에 의식을 집중하고 있습니다. 그리고 유대감이나 상호 팔로우에 가치를 놓고 경기하는 모습입니다.

우리들다운 것을 우선하는 감각, 유대감이나 팀워크를 중요하게 생각하는 감각은 초록빨강 신경의 특징입니다.

빨강에서 초록빨강으로 바꾸려면 아래와 같이 해봅니다.

1. '적이나 결과만 의식하고 있는 나', '평소에는 소중하게 생각해 왔던 팀 동료나 가족에게도 빨강으로 대하고 있는 나'를 인지한다.
2. 우선 자신의 컨디션을 가다듬는 것에 의식을 집중한다. 예를 들면 호흡을 가다듬거나, 긴장한 근육을 풀어본다. 그리고 승패나 결과만으로 안도감을 얻으려고 하지 말고, 다른 것(경기할 수 있는 기쁨이나 이 멤버들과 함께할 수 있다는 감정, 응원해 주는 사람에게 감사하는 마음)으로도 안도감을 얻을 수 있도록(조금이라도 초록이 될 수 있다) 고민해 본다.
3. 몸과 마음이 가다듬어진 상태에서 경기하는 것을 중심 대

상으로 두고 시합에 임한다.

이 순서대로 하면 초록빨강으로 시합에 임할 수 있습니다. 컨트롤이 필요한 부분은 상대 팀이나 시합의 결과가 아닌, 우선 내 몸의 컨디션(신경)을 정돈하는 일입니다. 그리고 **빨강으로 경기할 때와 초록빨강으로 경기할 때는 고민 방식이나 체험이 달라집니다.**

④ 노후가 불안하여 지금 무엇을 해야 할지 몰라 초조한 직장인

'앞으로 힘든 일이 찾아올지도 모르니까 지금은 힘들어도 좀 참고 노력해야지', '노후에 돈 문제로 힘들어하지 않으려면 지금은 무조건 절약하고 저축해야 해'와 같은 생각은 불안감을 느끼지 않기 위해 하는 행동으로, 초록이 적은 빨강이라고 할 수 있습니다. 미래의 안정된 삶을 꿈꾸며 지금 안심하려고 하는 것입니다.

'활짝 핀 벚꽃 아래에서 마음이 편한 사람들과 함께 맛있는 음식을 먹고 있으면, 앞으로 어떻게 될지는 모르겠지만

지금 이 순간을 소중하게 여기며 하고 싶은 것을 즐기자는 생각이 든다.'

'고향 친구와 즐겁게 이야기를 나누었다. 미래를 생각하면 일을 그만둘 수는 없다고 생각했는데, "과소비만 하지 않으면 지방에서 사는 것도 좋겠다", "지금 할 수 있는 것을 후회 없이 해야겠다"라는 생각이 들었다.'

이러한 감각은 초록빨강이라고 할 수 있습니다.

노후가 안정된 생활을 위한 해결책에만 매달리거나, 해결책만으로 안도감을 얻으려고 하면 빨강에 치우쳐 잔뜩 긴장한 채로 살아갈지도 모릅니다. 미래를 위한 해결책만으로 안도감을 얻으려고 하다 보면 지금 여기에 존재하는 것과 연결되어 안심할 수 있는 가능성을 인지할 수 없습니다.

빨강에서 초록빨강으로 바꾸려면 아래와 같이 해봅니다.

1. '미래의 안정된 삶에만 의식을 집중하고, 지금 안심할 수 있는 삶에는 집중하지 않는 나'를 인지한다.
2. 자신의 컨디션을 초록으로 가다듬는 일에 의식을 집중한다. 예를 들면 오감을 사용하여 산책하거나 사우나에 가는 등 초록이 되도록 조정한다. 그리고 '내가 정말로 소중하게 생각하는 것'과 연결되도록 한다.

③ 몸이나 신경계를 정돈하는 일을 루틴화하고, 미래뿐만 아니라 현재도 안심할 수 있는 생활이 가능하도록 노력한다.

이 순서대로 하면 초록빨강이 될 수 있습니다. 컨트롤하는 대상은 미래의 삶이 아닌, 현재 내 몸의 컨디션(신경)을 정돈하는 것을 우선시하겠다는 마음가짐입니다. 그리고 **빨강 상태에서 미래를 생각할 때와 초록빨강으로 미래를 생각할 때는 고민 방식이나 체험이 달라집니다.**

빨강과 초록빨강의 고민 방식의 변화 인지하기

이제 빨강과 초록빨강의 차이를 체감하셨나요?

다시 한번 정리하면, 빨강의 정도가 짙을수록 불안이나 공포에서 벗어나려는 생각 또는 상대방이나 상황을 바꾸려고 하는 생각이 강해집니다. 안전이나 안심을 느끼는 감각이 적은 상태입니다. 한편, 초록빨강은 몸이 안전감이나 안도감을 느끼면서 능동적으로 활동하고 있는 상태입니다. 두 가지의 차이를 체감하면 **고민 방식이 변화**합니다. 문제가 해결되거나 해소되는 경우도 있습니다.

물론 빨강은 좋지 않으며, 초록빨강이어야만 한다는 말이 아닙니다. 위험도가 높을 때는 빨강이 필요합니다.

하지만 초록빨강의 신경계를 사용할 수 있게 되면 더욱 효율적으로 활동할 수 있고, 더욱 길게 활동할 수 있는 가능성이 높아집니다. 그리고 빨강과 초록빨강은 각각 독립적이라기보다는, 마치 그러데이션 처리를 한 듯 경계가 자연스럽다고 생각하는 편이 좋습니다.

초록이 많은 초록빨강과 초록이 적은 초록빨강의 상태도 고려하면 여러 가지 힌트나 이미지가 떠오를 것입니다.

2

초록파랑 블렌드 가까이하기

다음은 '초록파랑 블렌드를 가까이하는 방법'입니다. 우선 파랑 신경과 초록파랑 신경의 차이를 체감하는 것이 중요합니다.

파랑과 초록파랑의 특징 복습

복습해 보겠습니다. 파랑은 브레이크로, 활동을 멈추기 위한 생리 반응과 관계되어 있습니다. 호흡, 맥박수, 혈압 등이 낮아지고, 웬만하면 산소를 쓰지 않고 절전모드가 되어 안도감을 얻으려는 상태입니다. 따라서 호흡은 얕고 작아지며, 느려집니다. 근육에 힘이 들어가지 않게 되고, 소리도 작아지며, 커뮤니케이션을 피하게 됩니다. 혈압이나 맥박이 낮아지고, 머리도 멍해지며, 생산적인 일을 할 수 없게 됩니다.

빨강이 자신 이외의 다른 곳에 의식이 집중되는 데 반해, **파랑은 자신 이외에 다른 곳에 의식을 집중할 수 없게 되어 외부 정보를 셧다운하고 받아들이지 않는 상태**입니다. 안전을 확보하고 싶어 움직이지 않고, 절전모드가 되어 있는 상태인 것입니다.

파랑 상태는 '하고 싶지만 할 수 없다', '움직이고 싶지만 움직일 수 없다', '느끼고 싶지만 느껴지지 않는다', '말하고 싶지만 말할 수 없다'라는 감각입니다. 그리고 대부분의 경우 **'파랑(움직이지 않는)은 좋지 않다'라는 감각이 섞여 있습니다.**

이 파랑에 초록이 블렌드된 초록파랑을 떠올려봅시다. 초록은 안전감, 안도감, 지금 여기와 연결되어 있다는 감각, '함께'라는 느낌, 누군가가 지켜보고 있는 감각이 키워드입니다.

이러한 **초록 감각을 느끼면서, 수동적이며 부동상태로 에너지를 아끼고 있는 상태가 초록파랑**입니다. '마음 놓고 움직이지 않는다', '안전을 느끼며 활동하지 않는다', '못해도 (안 해도) 괜찮다', '무리해서 말하지 않아도 괜찮다'라는 감각입니다. 파랑과 초록파랑의 차이가 그려지시나요? 이런 블렌드 상태를 체감해 보셨으면 합니다. 구체적인 예를 들어보겠습니다.

① 업무나 수업에 지쳐 움직일 수 없는 경우

'야근이 계속되던 어느 날, 집으로 돌아와 나도 모르게 잠이 들었는데 깨어나니 죄책감이 들었다', '연휴 마지막 날, 몸이 움직이지 않아 학교에 갈 자신이 없다'와 같은 상태는 파랑 신경이 작용하고 있는 상태라고 말할 수 있습니다. 몸이 충전하고 싶은 마음에 브레이크를 걸고 절전모드가 된 것입니다. 근육에도 좀처럼 힘이 들어가지 않고, 혈압도 낮아 움직이기 어려우며, 언행도 느린 상태입니다.

'나도 모르게 잠들어 버렸지만, "힘들었지? 침대에서 편하게 자"라는 따뜻한 말을 듣고 나서는 푹 잘 수 있었다.'

'등교하기 전에는 몸이 움직이지 않았지만, 가족이 마사지를 해준 덕분에 딱딱했던 몸이 풀리기 시작했다.'

이러한 감각을 느꼈다면 초록파랑 신경이 작용하고 있다고 말할 수 있습니다.

파랑에서 초록파랑으로 바꾸려면 아래와 같이 해봅니다.

1. 에너지를 너무 많이 쓴 결과 몸이 멈춰서 안전을 확보하고 있다는 사실을 인지한다.
2. 정신을 집중하려 하지 말고 컨디션을 가다듬은 뒤 초록 신경이 반응하도록 고민해 본다.
3. 에너지를 아끼는 몸과 함께 충전되는 기분을 느껴본다.

이 순서대로 하면 몸이 초록파랑 상태로 바뀌어 회복됩니다. 빨강을 지나치게 많이 써서 파랑이 된 경우는 에너지가 낮은 상태이므로 어떻게 해야 할지 막막할 때도 있겠지만, 자신이 파랑이라는 사실을 인지하는 일이 몸을 조정하는 첫 걸음입니다. 그리고 **파랑 상태에서 쉴 때와 초록파랑 상태에서 쉴 때는 고민 방식이나 체험이 달라집니다.**

② 생각지도 못한 상황에 맞닥뜨렸을 때 몸이 굳어버리는 경우

'학교에서 친구가 선생님께 혼나는 모습을 봤더니 머리가 하얘지고 몸이 굳어서 무서웠다', '자전거를 타던 사람이 눈앞에서 넘어졌다. 어떻게든 도와주고 싶었지만, 나도 놀라서 움직여지지 않아 어쩔 수가 없었다. 할 수 있는 게 없어서 한심하다는 생각이 들었다'와 같은 상태는 **생각지도 못한 상황에 맞닥뜨려 몸이 위험한 상태라고 감지했기 때문에 신속히 절전모드가 된 것**입니다. 파랑 상태는 '너무 놀라서 다리에 힘이 풀린다'라고 표현하기도 합니다.

'보건실 선생님이 "화내고 있는 사람을 보면 당연히 놀라지"라며 등을 쓰다듬어주시자 눈물이 나고 긴장이 풀렸다.'

'너무 놀란 나머지 몸이 움직여지지 않아 아무것도 하지 못했지만, 같이 있던 사람이 "누구나 다리에 힘이 풀릴 때가 있지"라며 웃는 얼굴로 말을 걸어준 덕분에 다시 일어날 수 있었다. 잠시 앉아 있었더니 다시 평온해졌다.'

이러한 경험은 초록파랑 신경이 반응하고 있다고 말할 수 있습니다.

파랑에서 초록파랑으로 바꾸려면 아래와 같이 해봅니다.

❶ 예상하지 못한 일이나 깜짝 놀랄 만한 일에 갑작스럽게 맞닥뜨리면 몸은 브레이크를 걸고 멈춘다. 자신이 지금 그러한 상태임을 인지한다.

❷ 안전감과 안도감을 느끼면 급브레이크에서 부드러운 브레이크로 바뀌기 때문에 안심할 수 있는 사람에게 의지하거나 대화를 요청해서 몸(신경)이 조정될 수 있도록 시도해 본다.

❸ 무리하게 노력하지 말고, 안전한 장소로 몸을 피하거나 안심할 수 있는 사람과 같이 있으면 기분 좋게 긴장이 풀리므로 안심한 상태에서 멈춰 있는 감각을 느껴본다.

이 순서대로 하면 몸이 초록파랑 상태로 바뀌면서 회복됩니다.

갑자기 놀랄 만한 일에 맞닥뜨리면, 급브레이크와 같이 파랑이 반응하는 경우가 있습니다. 몸이 움직이지 않아 당황하겠지만, 내 몸이 파랑이 되어서 멈춰 있다고 생각해 봅시다. 몸이 안전함을 느끼면 다시 움직이기 시작한다고 예측할 수 있게 되면 회복하겠지요. 그리고, **파랑 상태에서 멈춰버린 때와 초록파랑 상태에서 멈춰버린 때는 고민 방식이나 체험이 달라집니다.**

③ 안심할 수 없는 상태에서 움직일 수 없는 경우

'누군가가 나를 무시하며 내 험담을 하고 있었다. 그때부터 머리가 멍해지고 힘이 빠지며 의욕이 생기지 않았다', '선생님이 공개적으로 내 잘못을 언급하며 나를 혼낸 탓에 반 친구들에게도 조롱당했다. 아무하고도 말하고 싶지 않았다. 혼자 있고 싶었다. 목소리도 나오지 않았다', '사랑하던 반려견과 작별하게 되었다. 반려견 생각만 했더니 일상생활에 집중할 수 없게 되었다'와 같은 상태는 **안전하지 않고 안심할 수 없는 상황에 맞닥뜨려 사회적으로 '생명이 위험하다'라고 감지했기 때문에 절전모드로 바뀐 것**입니다.

사람은 사회적인 동물이므로, 파랑은 물리적으로 생명이 위험할 때뿐만 아니라 사회적으로 생명이 위험할 때도 반응합니다.

지진, 사고나 부상, 굉음과 같이 물리적인 생명의 위험('삶의 위협'이라고 합니다)이 닥치면 사람이나 동물 모두 파랑 신경이 굳어지거나 절전모드가 되어 생명을 지키려고 합니다.

한편, 사람은 사회, 문화, 상식, 세상과 더불어 살아가고 있습니다. 그렇기에 사회적으로 살아갈 수 없다고 느끼는 상황, 혹은 소중한 사람 또는 생물과 물질과의 작별도 파랑이 반응하여 생명의 위험(삶의 위협)을 느끼는 것이 사람의 특징입니다.

몸이 '이 사회는 안심할 수 없다', '이 멤버는 안전하지 않은 것 같다', '이 동네, 문화, 상식 속에서는 보호받고 있다는 감각이 느껴지지 않는다'라는 느낌을 감지하면 파랑으로 브레이크를 걸고 그 사람들이 없어질 때까지 수동적으로 기다리면서 멈춰버리는 생리 반응이 일어납니다. 동시에 무력감, 열등감, 수치심, 무감동과 같은 심리적 반응이 일어날 가능성이 높아집니다.

또 안심할 수 있는 사람과 헤어지거나, 안전한 장소에서 멀어진 때에도 파랑 신경이 작용해 안심할 수 있는 사람이나 안전한 장소를 만날 때까지 절전모드가 되어 생명을 지키려고 합니다.

'동료에게 "저 사람은 남 욕하기 좋아하는 사람이라 나도 욕 자주 듣는 편이야. ○○씨는 잘못 없어"라는 말을 들었다. 멍했던 머리가 다시 움직이기 시작하는 감각을 느꼈다. 기분 전환이라도 해야겠다는 생각이 들었다.'

'반 친구가 "같이 가자"라고 말해줬다. 돌아가는 길에 공원에서 아무런 말 없이 함께 그네를 탔다. 해가 질 무렵 나도 모르게 반 친구에게 "고마워, 내일도 같이 학교 가자"라고 말했다. 친구에게 "좋아, 네 기분이 저기압이어도 상관없어. 같이 가자"라는 말을 듣고 왠지 모르게 웃음이 났다.'

'사랑하는 반려견과 이별한 경험이 있는 사람과 얘기를 나누었다. 내 페이스대로 이별해도 괜찮을 것 같다고 생각했다. 그랬더니 반려견 이외의 것들에도 관심을 가질 수 있게 되었다.'

이러한 경험은 초록파랑 신경이 반응하고 있다고 말할 수 있습니다.

파랑에서 초록파랑으로 바꾸려면 아래와 같이 해봅니다.

1. 누군가와 연결되지 않는 상황에 맞닥뜨리면 파랑 신경이 브레이크를 걸고 몸을 질전모드로 전환하고 있다는 사실을 인지한다.
2. 무리하게 활동하려 하지 말고, 파랑이어도 상관없다는 마음으로 몸을 터치하거나, 천천히 움직이는 것을 보거나, 할 수 있는 것을 만지며 몸(신경)을 조정하도록 한다.
3. 조금씩 안심할 수 있는 사람을 만나거나, '파랑이어도 괜찮다'라는 말을 듣는다. 그러다 보면 조금씩 초록파랑의 감각이 생겨나는 것을 알게 된다.

이 순서대로 하면 몸이 초록파랑 상태로 바뀌면서 회복됩니다.

연결고리에서 분리되어 버리면 사람은 위협이라고 느끼고 파랑이 반응하여 활동이 멈추지만, 자연현상이자 당연한 생리 반응이라는 점을 떠올려봅시다. 당연한 반응이라고 이해하면 안도감을 얻을 수 있습니다.

초록파랑이 되어 회복한 경험이 있거나, 그렇게 된다고 예측할 수 있다면 삶의 폭이 넓어집니다. 그리고 **파랑 상태에서 우울할 때와 초록파랑 상태에서 우울할 때는 고민 방식과 체험이 달라집니다.**

파랑과 초록파랑의 고민 방식의 변화 인지하기

이제 파랑과 초록파랑의 차이가 이해되셨나요?

다시 한번 정리하면, '생명의 위험, 삶의 위협, 사회적인 이별'의 정도가 높으면 높을수록 파랑 신경이 강하게 반응하여 몸에 브레이크를 걸고 활동을 멈춥니다. 초록파랑은 몸이 안전감과 안도감 등을 느끼면서 수동적으로 멈춰 있는 상태입니다.

물론 파랑은 좋지 않으며, 초록파랑이어야만 한다는 말이 아닙니다. 긴장도가 높을 때는 파랑이 필요합니다.

하지만 초록파랑의 신경계도 쓸 수 있게 되면 더 나은 삶을 살 수 있습니다. 그리고 파랑과 초록파랑은 각각 독립되어 있다기보다는 그러데이션 상태라고 생각하는 게 좋습니다.

초록이 많은 초록파랑과 초록이 적은 초록파랑의 상태도 고려하면 여러 가지 힌트나 이미지가 떠오를 것입니다. 신경계 상태가 다양해지면 적용 방법도 넓어집니다.

3

블렌드에 대해 서로 말할 수 있는 친구를 만들자

이제 블렌드에 대한 개념은 확실히 이해하셨나요? 생각지도 못한 사건에 맞닥뜨리면 빨강이나 파랑 신경이 반응하는 일은 지극히 당연하고 자연스러운 생리 반응입니다.

평소에 초록 신경이 활성화되도록 생활하다 보면 위험한 사건에 맞닥뜨렸을 때 빨강이 단독으로 반응하지 않고, 주위도 살피면서 초록빨강으로 반응하는 경우가 늘어납니다.

혹은 평소에 초록 신경이 쉽게 반응하는 생활을 하면 몸은 브레이크가 필요하다고 감지할 상황이 닥쳐도 파랑이 단독으로 반응하지 않고, 부드러운 브레이크를 거는 초록파랑으로 반응할 가능성이 높아집니다.

블렌드를 경험하고 싶다면 **빨강과 파랑의 생리 반응·심리 반응에 대해 긍정적으로 이야기할 수 있는 사람들과 이야기를 나눠보세요.** 같은 빨강이나 파랑 체험을 한 적 있는 사람끼리(예를 들면 '○○○병 환자들의 모임', '육아맘들의 모임' 등 공통된 화제로 이야기를 나눌 수 있는 커뮤니티) 대화하다 보면 어느샌가 빨강이나 파랑의 생리·심리 반응을 공유하며 나를 객관적으로 볼 수 있고, '나만 그런 게 아니었다'라고 웃을 수 있으며, 안전함과 안도감을 주는 초록으로 빨강과 파랑을 감싸안을 수 있습니다.

이러한 체험담을 공유하면서 자신의 빨강과 파랑 신경을 수용할 수 있고, 환영할 수 있으며, 애정을 느낄 수 있다면 그 자체로 충분합니다. 블렌드를 아주 잘 사용하고 있다고 말할 수 있습니다.

다시 말씀드리겠습니다. 초록빨강은 '안심하고 싸운다', '안전을 느끼면서 고군분투한다', '안심한 상태에서 초조해한다', '안전을 느끼면서 초조해한다' 등의 감각으로, 초록파랑은 '안심하고 쉰다', '안전을 느끼면서 절전모드로 생활한다', '마음 놓고 우울해한다', '마음 놓고 침울해한다'라는 감각입니다. 꼭 비슷한 경험을 한 사람들끼리 이야기를 나누며 블렌드를 가까이해 봅시다.

지금까지 다른 방식으로 고민하기 위해 폴리어에서 힌트를 얻기 위한 블렌드 사용법에 대해서 자세히 설명해 드렸습니다. 이제 0장에서 언급한 '가이드북을 활용했지만 뜻대로 되지 않은 두 가지 사례'를 다시 되짚어 보겠습니다. 또 '몸이 바뀌면 마음이 바뀐다'에 대해서도 복습해 봅시다.

4

몸이 바뀌면 마음도 바뀌고 체험도 바뀐다

몸과 마음의 관계성을 연구하는 학문에서는 예전부터 '울어서 슬픈지, 슬퍼서 우는지'라는 테마가 논의되어 왔습니다. 이 책에서는 두 가지 관점 모두 타당하다고 간주합니다. 눈물이 나면 슬픈 감정도 생기고, 슬픈 감정이 생기면 눈물도 나겠지요.

이 책에서는 우는 반응과 슬퍼하는 반응 모두 반사적으로 일어나는 생리 반응이라고 봅니다. 의지로 움직이는 반응이 아니라, 자율신경계가 영향을 주고 있기 때문입니다.

본인의 의지로는 바꿀 수 없는 사고·감정·행동이 있다

사람의 마음이라고 하면 '사고·감정·행동'을 가리키는 경우가 많습니다. 이 사고·감정·행동은 일반적으로는 생리 반응이라기보다 극단적으로 말하면 본인이 하고 싶어서 보이는 반응이라고 받아들여지기 쉽습니다(실제로는 그렇게까지 극단적이지는 않고, '무의식적으로 했다' 등의 표현을 사용하기도 합니다). 그래서 **사고·감정·행동은 본인이 바꾸려는 의지만 있다면 바꿀 수 있다고 간주합니다.**

그 견해를 부정하지는 않지만, 그에 덧붙여 '본인의 의지로는 바꾸기 어려운 사고·감정·행동이 있다'라고 생각합니다. 이를 **'자발적 사고·반사적 감정·충동적 행동'**이라고 표현하면 차이를 쉽게 이해할 수 있을까요? 이 세 가지를 자율신경계의 영향을 받은 생리 반응으로 정의하고 있습니다.

자극을 받은 자율신경은 3색으로 반응하고, 생리 반응은 물론 사고·감정·행동도 동시에 반사적으로 반응하고 있다는 것입니다. '회복하고 싶다', '건강해지고 싶다'라며 고민하는 사람에게 도움이 된다는 사실을 저는 임상에서 매일 체감하고 있기 때문입니다.

지금까지의 내용을 바탕으로 말하자면, **몸이 빨강으로 바뀌면 마음도 빨강이 되고, 몸이 파랑으로 바뀌면 마음도 파랑이 되고, 몸이 초록으로 바뀌면 마음도 초록이 된다는 것**입니다.

즉, 몸이 빨강에서 파랑으로 바뀌면 세상도 빨강(예: 모두가 적이다)에서 파랑(예: 어차피 나는 미움받고 있다)으로 보입니다. 또 몸이 초록이 되면 세상을 보는 시선이나 체험도 초록(예: 덕분에 도움을 받고 있으니 감사한 마음을 갖자)으로 보이기 때문에 실제로도 그렇게 체험할 수 있다는 것입니다.

이러한 점들을 토대로 0장에서 설명한 당사자의 몸이 언밸런스하기 때문에 '사건(사실)'이 문제로 인식된다는 사고방식에 대해 다시 한번 살펴보겠습니다.

0장에서는 두 가지 예시를 소개했습니다. 각각의 예시에 대해 더 자세하게 생각해 봅시다.

① '자녀의 성적 때문에 빨강이 되어 있는 아버지'의 변화

0장에서 수업을 따라가지 못해 성적이 떨어진 자녀 때문에 고민 중인 아버지를 소개했습니다(28페이지 참고). 아마도 아버지는 빨강 신경이 반응하여 전투 모드로 자녀를 도우려고 했을 것입니다.

무언가 불안하고 위험한 상황을 예상하여 빨강 신경이 활동하고 있었던 것입니다. 그리고 지도법 A를 발견했지만, 비교적 빨강 신경이 강한 채로 자녀와 대화를 주고받았을 것입니다.

언제까지 아버지의 빨강 신경이 지속되었는지는 모르겠지만, 자녀에게 영향을 미칠 정도의 강도였던 듯합니다. 자녀로서는 지도법 A의 내용보다도 아버지의 빨강 반응이 주는 정보량이 더 많았기 때문에, 여기에 대처하려다 보니 자녀 몸의 빨강도 반응한 것입니다.

그리고 아이의 빨강을 감지한 아버지의 빨강이 전투 모드로 더 가속되는 악순환이 일어났을 가능성도 있습니다. 아버지와 자녀 중 어느 쪽의 빨강이 먼저인지는 모르겠지만, **자율신경은 개인과 개인 사이에서도 서로 영향을 미칩니다. 이는 의지의 힘이 아닌 영역에서의 순환으로, 반사적인 교류인 것입니다.**

그래서 **짜증이라는 감정이나 '이대로는 안 되겠다'라는 생각도 빨강 신경이 반응하고 있을 때는 필요한 감정과 생각**

이며, 자동적이고 반사적으로 나오는 생리 반응으로 파악해 보는 것입니다.

사건을 마음만의 문제로 만들어버리면, '생각을 바꿔야 한다', '화를 다스려야 한다'라는 결론에 다다르게 됩니다. 하지만 마음을 바꾸는 일은 어렵기도 하고, 바꿔야 한다는 생각이 떠오르는 순간 이미 빨강 신경이 반응한다는 것을 알 수 있습니다.

이 책에서는 '우선 자신의 몸이나 신경계 조정하기'를 추천합니다.

그러려면 빨강 신경에 반응하여 대응하는 자신을 인지하는 일이 우선입니다. 빨강이 반응하고 있는 자신을 인지하고, 몸과 신경계를 조정해 봅시다.

몸의 신경이 초록, 즉 온화하고 평온한 상태가 되도록 조정해 봅시다. 천천히 호흡하기, 물 마시기, 아이우베 체조하기, 걷기, 먼 곳 보기, 몸 터치하기 등 오감을 사용하면 몸이나 신경이 평온해지는지 관찰해 봅시다. 4장에서 소개한 초록을 활성화하는 방법을 실천해도 좋습니다.

몸이나 신경이 조금이라도 온화한 쪽으로 진정되면 초록 신경이 반응하고 있다는 것입니다. 초록빨강으로 그 사건을 대할 수 있을 것입니다.

그러면 사고나 감정이 빨강 상태에서 어느새 바뀌어 있을지도 모릅니다. 사고나 감정을 바꾸려고 노력하기보다는, '그랬으면 좋겠다'라는 마음을 가지고 어느샌가 자연스럽게 바뀌어 있는 체험을 할 수 있었으면 좋겠습니다.

이렇게 사건을 대한다면 다시 빨강 신경이 반응하기 시작할 수도 있습니다. 그러면 또 적당한 타이밍을 노려 같은 방법으로 초록 신경이 반응하도록 몸을 조정해 봅시다. 정확히 마인드풀니스의 삼각형(183페이지 참고)과 일치합니다.

중심 대상을 '몸이 초록이 되도록 조정하는' 무언가에 놓는 것입니다. '초록에 중심을 놓는다→사건에 집중하면 점차 빨강으로 변한다→계속 빨강에 가까워지는 자신을 깨닫는다→중심 대상으로 돌아온다'와 같은 삼각형을 생각하면 됩니다.

그러면 초록빨강의 신경 상태에서 '자녀에게 공부를 가르치는' 사건을 대할 수 있습니다. '놀이를 하듯이 아이에게 공부를 가르친다', '실험 정신으로 아이에게 공부를 가르친다', '즐기면서 함께 공부한다'와 같은 느낌입니다.

이렇게 할 수 있다면 그 자체로 충분합니다. **이 책에서는 조정하면서 사건을 대하는 감각을 중요하게 생각합니다.**

② '엄마를 간호하느라 우울해지는 딸'의 변화

0장에서 또 한 가지 예시를 들었습니다. '치매 진단을 받은 어머니가 늘 해오던 일인데도 점점 예전처럼 완벽하게 해내지 못하는' 사건에 맞닥뜨려, 몇 번이고 B 식사법과 C 체조를 해보자고 말해봤지만 별 반응이 없는 어머니를 보고 그만 우울해진 딸이었습니다(29페이지 참고).

아마도 이러한 상황 속에서 딸의 파랑 신경이 반응하여 딸을 절전모드로 만들고자 했을 것입니다. 파랑이 '일단 어머니와 거리를 둔 뒤 충전하고 싶다'라고 말하는 것이지요.

슬퍼지고 우울해지는 감정도, '나는 뭘 해도 잘 안될 것이라는 사고'도 파랑이 반응하고 있을 때 자연스럽게 나오는 생리 반응이라고 생각해 봅시다.

몸과 마음은 이어져 있습니다. 파랑의 목적은 충전입니다. **'나는 뭘 해도 잘 안된다'가 아니라, '파랑이 충전하고 싶어 한다', 즉 지쳐 있다는 신호가 그 생각에 드러나 있다**고 보는 것입니다.

첫 번째 예시와 마찬가지로 사건을 마음만의 문제로 만들어 버리면, '생각을 바꿔야 한다', '화를 다스려야 한다'라는 결론에 다다르게 됩니다. 마음만 바꾸는 것은 어렵기도 하고, '바꿔야 한다'라는 생각이 나오는 시점에서 빨강이 반응한 후에 파랑도 반응하는 파랑빨강의 상태가 되어버릴 수도 있습니다.

이 책에서는 우선 자신의 몸이나 신경계 조정하기를 제안했습니다. 그러려면 파랑 신경에 반응하여 대응하는 자신을 인지하는 일부터가 시작입니다. 파랑이 반응하고 있는 나를 인지하고, 몸과 신경계를 조정해야 합니다.

신경이 초록 상태가 되도록 조정해 봅시다. 천천히 호흡하기, 물 마시기, 아이우베 체조하기, 걷기, 먼 곳 보기, 몸 터치하기 등 오감을 사용하면 몸이나 신경이 평온해지는지 관찰해 봅시다. 4장에서 소개한 초록을 활성화하는 방법을 실천해도 좋습니다.

초록은 안심할 수 있는 타인과의 유대감에서도 얻을 수 있으므로, 타인과 이야기하는 것도 좋은 방법입니다. 다만 파랑이 강하면 사람과 이야기하기도 힘들어지므로 무리하지 않는 범위에서 해봅시다. 사람을 만나기까지는 힘들지만, 만나보면 초록이 반응할 수도 있습니다.

몸이나 신경이 조금이라도 온화한 쪽으로 진정되면 초록 신경이 반응하고 있다는 신호입니다. 초록파랑의 상태가 되면 사건과 거리를 둘 수 있을 것입니다.

그러면 어느샌가 파랑 상태에서 사고나 감정이 바뀌어 있을 것입니다. 사고나 감정을 바꾸려고 노력하기보다는, '그랬으면 좋겠다'라는 마음을 가지고 어느샌가 자연스럽게 바뀌어 있는 체험을 할 수 있으면 좋겠습니다.

어쩌면 무의식적으로 '혼자서 떠안지 않아도 되겠다', '가끔은 리프레시하는 것도 좋지'라는 생각이 들 수도 있습니다. 그런 초록파랑을 체험했다면 신경계가 변화한 사실을 느낄 수 있습니다.

그리고 다시 사건을 대하면 얼마 지나지 않아 파랑 신경이 반응할 수도 있습니다. 그러면 또 적당한 타이밍을 노려 같은 방법으로 초록 신경이 반응하도록 몸을 조정해 봅시다.

앞서 말씀드렸듯이, 이는 마인드풀니스의 삼각형과 비슷합니다. 중심 대상을 '몸이 초록이 되도록 조정하기'에 두는 것입니다. '초록에 중심을 둔다→사건에 집중하면 점차 파랑이 된다→파랑이 되는 자신을 인지한다→중심 내상으로 돌아간다'라는 삼각형을 떠올려보아도 좋습니다.

그렇게 함으로써 초록파랑 상태에서 그 일과는 거리를 두고 자신을 돌보고 싶어지거나, '스스로를 충전해 봐도 괜찮겠다'와 같은 느낌이 든다면 3색 신경에 도움이 되는 시스템이 작용하고 있다고 볼 수 있습니다.

'나까지 무너지면 그야말로 끝이기 때문에 스스로 상을 줘야 해', '나이가 들면 건망증 정도는 애교지 뭐', '만사를 귀찮아하는 어머니도 어떻게 보면 귀여운 건가?'라는 감각이 늘어나면 '절전모드', '느긋한 페이스도 OK'라는 초록파랑을 느끼고 있다는 증거이지요. 이 책에서는 **조정하면서 사건과 거리를 두는 감각을 중요하게 생각합니다.**

지금까지 폴리어의 관점에서 본 마음과 몸의 관계성, 블렌드의 개념, 그리고 사건 또는 문제와 거리를 두는 방법을 소개했습니다.

가이드북으로 고민을 해결하는 것도 중요하지만, 이 책에서는 '고민 방식'을 중요시합니다. 혹은 고민이나 문제에 대응할 때의 이상적인 자세입니다. 고민이나 문제를 해결하는 방법이 아니라, 고민이나 문제와의 거리감도 포함한 고민 방식과 이상적인 자세입니다.

감각적인 부분도 포함된 내용이라 글로 전달하기에는 한계가 있지만, 폴리어를 통해 조금이라도 공유할 수 있다면 좋겠다는 생각에 이렇게 말씀드립니다. 여러분들에게 이 가치가 조금이라도 전해진다면 그 자체로 저는 기쁠 것 같습니다. 그리고 저의 초록도 반응하겠지요.

5

커뮤니케이션으로 폴리어를 능숙하게 구사하는 방법

이번에는 상대방과의 커뮤니케이션에서 쓸 수 있는 폴리어 활용법에 대해 알아보겠습니다. 또, 여기에서 소개하는 커뮤니케이션은 여러분이 아끼는 사람과 나누는 대화를 상상해 보세요.

이 방법을 한마디로 말하면 **상대방이 '빨강과 파랑은 그대로 두고, 초록을 활용하는 생활하기'를 할 수 있도록 도와주는** 것입니다.

그럼 그냥 이 책을 선물해 주려는 분들도 계실 텐데요, 책 선물도 좋은 방법입니다. 꼭 도전해 보세요.

다만 스스로 해내기가 어려운 사람도 있습니다. 다 같이 특정 목표를 가지고 공동 작업을 하면서 '빨강과 파랑은 그대로 두고, 초록을 활용하는 생활하기'를 체험할 수 있다는 것이 중요합니다.

모든 사람이 액셀인 빨강과 브레이크인 파랑을 사용해 인생이라는 길을 걷고 있습니다. 그 길에는 커브 길도 있고 울퉁불퉁한 길도 있을 것입니다. 그러므로 빨강과 파랑의 정도를 조정하는 가감이 필요합니다. 이때, 초록 신경이 기본적으로 작용하고 있으면 적당한 가감이 가능해집니다.

여러분이 초록을 베이스로 적당히 걷다 보면 상대방도 적당히 걷기가 쉬워집니다.

상대방이 어떤 신경계 상태인지 관찰하기

그렇다면 구체적으로 살펴보도록 하겠습니다. 우선 **상대가 지금 어떤 신경계 상태인지를 관찰하는 것**이 중요합니다.

상대방이 사용하는 말뿐만 아니라 비언어적인 모습도 중요합니다. 말하는 속도, 목소리 크기, 표정, 근육의 힘 상태, 전체적인 침착함의 정도, 평소 식사, 수면 등으로 상대방의 몸 상태가 어떤지 관찰하는 습관을 들입니다.

그 모습을 토대로 상대방의 상태가 빨강인지 파랑인지 생각해 봅시다.

빨강이라면 몸에 액셀이 밟혀 전투 모드를 향해 가고 있거나, 서둘러 무언가를 끝내고 싶어 하거나, 도망치고 싶을 것입니다. 파랑이라면 몸에 브레이크가 걸려 움직일 수 없거나, 생산적인 활동을 할 수 없는 절전모드로 바뀌어 있을 것입니다.

빨강이든 파랑이든 '그대로'가 기본이었습니다. 상대방의 빨강 또는 파랑 신경에 대해서 **'이대로도 괜찮다', '그거면 됐어'라는 초록 감각으로 받아들여 봅시다.** 그러면 상대방이 빨강일 경우 초록빨강, 파랑일 경우 초록파랑이 될 가능성이 높아집니다.

자녀가 짜증을 낼 때는 어떻게 하면 좋을까?

예를 들어, 자녀가 "공부가 너무 어려워!"라며 짜증을 냈다고 합시다. 빨강인 자녀의 모습을 보면 부모도 당연히 빨강이 됩니다. 다만 그 상황에서 '아, 아이의 빨강이 옮아서 내 빨강이 반응했다'라고 인지할 수 있게 된다면 그 자체로 충분합니다. 게다가 '내가 빨강이 되듯, 이 아이도 당연히 빨강이 될 수 있다'라고 생각하면 여러분의 초록이 반응하고 있는(관찰 모드가 되어 있다) 것입니다.

여러분이 평소에도 초록을 유지하며 생활하면 부드러운 브레이크가 발생합니다. 그러면 자녀의 빨강에도 부드러운 브레이크로 반응할 수 있습니다.

예를 들면, 웃으며 온화한 말투로 자녀의 등에 손을 얹고 "공부가 잘 안되면 당연히 짜증 날 수 있지."라며 달래보거나, "일단은 잠깐 멈추고 같이 바람 쐬러 가자."라며 외출을 권유해 보거나, "수고했어, 일단 물 마시자."라며 둘이서 머리나 몸을 식혀도 좋습니다. 아이의 신경이 초록파랑이 될 수 있도록 하는 관계인 셈입니다.

조금 안정되면 놀이나 게임을 하듯이 관련된 것을 시도해 봐도 좋습니다. 방 안을 걸어 다니면서 **같이** 공부하기, 한쪽 다리를 든 채로 같이 단어 외우기, 타이머나 음악을 사용하면서 공부해 보기 등을 **함께** 실험해 보는 것도 좋습니다.

어떠신가요? 빨강 상태가 계속되고 있는 몸의 상태를 관찰할 수 있고, 부드러운 브레이크를 함께 걸며, '초록빨강'이라는 놀이나 자유로움을 블렌드하면서 '학습'에 임하도록 권유하는 모습이 그려지시나요?

이때 상대방의 빨강이 강하게 나타난다면, 초록파랑의 시간을 충분히 확보하여 브레이크를 걸거나, 감정을 진정시킬 수 있도록 유도해도 좋습니다.

여러분과 자녀 사이에 신뢰 관계가 구축되어 있고, 여러분과의 교류로 초록이 되기 쉬운 관계라면 이러한 분위기를 원활하게 만들 수 있습니다. **나의 초록을 상대방에게 전달하기 쉽다**는 의미입니다.

이런 관계가 생기면, 자녀가 빨강이나 파랑에 지나치게 치우쳐 있더라도 초록으로 원활하게 돌아갈 확률이 높아집니다. 초록빨강이나 초록파랑으로 보내는 시간도 늘어날 것입니다.

초록 상태에서 보내는 시간이 길면 길수록 액셀(빨강)과 브레이크(파랑)의 알맞은 조정(튜닝)이 가능합니다. 액셀과 브레이크를 넘나들면 보다 부드럽고 유연하게 사건을 대할 수 있습니다.

'상대방이 빨강임을 인지하고, 스스로 먼저 거리를 두며 초록으로 조정한 뒤 초록빨강으로 대하는 일'은 갑작스레 실천하기에는 어려울 수도 있습니다.

만약 어렵다면 자기조정을 중심으로 시도해 봅시다. 되도록 내가 초록인 시간을 충분히 확보하고, 상대방의 빨강에

상대방에게 초록을 선물하자

강하게 반응하기 어려울 때 초록빨강의 상태로 대하기를 추천합니다.

상대방을 바꿔서 안심하는 일(빨강)에서, 자기 조정을 우선하는 일(초록)로 주안점을 바꾸는 것입니다.

6

조정하며 대화해 보기

대화 예시를 하나 들어보겠습니다. 이 대화를 보면서 '함께 초록을 쓰면서 활동하는' 것에 대해 생각해 보세요.

선배 A씨와 후배 B씨의 대화입니다. 선배(과장) 스스로가 밸런스를 무너뜨리는 모습을 자각한 뒤 자기 조정을 하면서 후배를 이끄는 모습에 집중해 보세요.

가정에서 스트레스를 받는 선배와 후배의 대화

최근 일주일간 A씨는 초등학교 3학년인 딸이 학교에 가고 싶어 하지 않아 아내나 담임선생님과 대화를 자주 하다 보니 스트레스를 받고 있었습니다. 그런 와중에 회사에서 생긴 일입니다.

후배 B씨(이하 B) "과장님! 이번 달 말까지 써야 하는 서류가 진행이 잘 안되어서 반밖에 못 썼는데, 한번 봐주시겠어요?"라며 빠른 어조로 당황한 듯 말했습니다.

(B씨는 빨강 신경이 짙은 상태로 A씨에게 말을 걸었습니다.)

선배 A씨(이하 A) "뭐?"라며 조금 큰 소리가 나와버렸습니다. "B씨가 해보겠다고 해서 맡긴 거잖아. 이제 10일밖에 안 남았어."라고 B씨에게 말했습니다.

(A씨는 최근 일주일간 집에서 빨강으로 지내는 시간이 늘었기 때문에, 빨강 상태인 B씨를 보고 위험을 감지해서 쉽게 빨강이 되었을 것입니다.)

B "과장님이 어려운 일이 있으면 언제든지 말해달라고 하셔서 지금 말씀드린 건데요? 저도 게으름 피운 건 아니에요. 정리하고 있기는 한데 잘 안되니까 한번 확인해 주셨으면 한 거고요."라며 조금은 강한 어조로 사정을 설명했습니다.

(평소 과장님답지 않게 초조해하는 것 같다는 생각이 들면서도, 생각지도 못한 반응이었기 때문에 B씨의 빨강이 더욱 크게 반응한 것이겠

지요.)

선배 A씨는 후배 B씨가 약간 강한 어조로 말하는 모습을 보고, 깜짝 놀라 순간 머리가 하얘졌습니다.

A "아, 미안. 지금은 조금 바쁘니까 이따가 얘기해. 거기 서류 놓고 가."라고 답했습니다.

(B씨의 모습을 보고 A씨의 파랑이 조금 반응하여 몸에 브레이크가 걸린 듯합니다. 일단 거리를 두고 싶었는지 나중에 대화하자고 제안하고 있습니다.)

B "이따 언제요? 점심때까지 말씀해 주시겠어요?"라며 조금 초조한 모습입니다.

(지금 바로 확인해 줄 줄 알았는데, 예상치 못하게 나중에 이야기하자는 말을 듣고 빨강이 된 B씨의 몸은 좀처럼 브레이크가 걸리지 않은 듯합니다.)

A "차분히 읽고 피드백해 줄게. 11시쯤에 얘기하자."라고 B씨에게 말했습니다.

그리고 A씨는 일단 사무실에서 나와 회사 로비에서 서류를 읽기로 했습니다. 자신도 모르게 걸음이 빨라졌다는 사실을 깨닫고, 조금 천천히 걷기로 했습니다. 자신이 빨강이라는 사실을 알아차리면 약간 브레이크가 걸립니다.

길을 걷던 A씨는 '요즘 딸 문제로 빨강이 되어 있었더니 나도 모르게 B씨에게도 빨강으로 반응해 버렸네'라는 생각이 들었습니다.

A씨는 폴리어 스터디 그룹에서 배운 조정을 시도해 볼 기회라는 생각에, 우선 따뜻한 차를 마시며 차분한 마음으로 서류를 읽기로 했습니다.

'우선 내 초록 반응을 우선하는 거야. 빨강이나 파랑은 그대로 둬도 괜찮다고 했던 것 같은데'라며 머릿속에서 되뇌면서 로비에서 1~2분 정도 따뜻한 차를 마셨습니다.

(안심하고 쉬어도 된다는 초록파랑의 상태이며, 스터디 그룹 동료와의 유대감을 느끼면서 '이것'을 해보자는 감각은 초록빨강이라고 할 수 있습니다. 동료와 함께 가치관을 공유했던 경험(협동 조정) 덕분에 A씨는 자기 조정이 되어 있는 상태입니다.)

아침보다는 차분해진 A씨는 이 상태에서 B씨와 대화하면 잘 풀릴 것 같다는 느낌을 받았습니다. 약속한 시간이 되어 A씨는 B씨의 자리로 갔습니다.

A "B씨, 서류 잘 읽었어. 괜찮으면 이거 먹으면서 해."라며 웃는 얼굴로 B씨가 좋아하는 사탕과 서류를 건넸습니다.

A "시간도 별로 없었을 텐데 잘했어."라며 A씨도 사탕을 먹으면서 B씨를 웃는 얼굴로 격려했습니다.

B "맞아요, 과장님. 아침에는 정말 과장님이 저에게 말씀하

신 걸 잊으셨나 하고 초조해지더라니까요. 잘 먹겠습니다.”

A “그럴 만도 하지. 초조하기도 하고 짜증 나기도 했지? 미안해. 나라도 당황했을 것 같아.”

(A씨는 B씨가 빨강이 되어도 괜찮다고 긍정적으로 받아들이면서 초록 공간을 만들고 있습니다. 또 B씨가 좋아하는 사탕을 함께 먹으며 이야기함으로써 초록을 블렌드하려고 합니다.)

B “그래서 서류는 문제없었나요?”

A “어, 잘했어. 가뜩이나 시간도 얼마 없고, 서류를 완벽하게 만들어야겠다는 부담감이 심하겠지만……. 뭐, 잘 안되면 내가 어떻게든 해볼 테니까 마음 놓고 마감일까지 최선을 다 해봐.”

(B씨가 안심한 상태에서 일하는 것이 중요하다는 것을 알려주고, 애쓰지 않아도 괜찮다는 사실을 강조하고 있는 이유는 A씨가 B씨 스스로 초록이 된 몸도 소중히 여기면서 일할 수 있는 사람이 되었으면 좋겠다고 생각하기 때문일 것입니다.)

B “과장님이 그렇게 말씀해 주시니까 마음이 놓이네요. 제가 좋아하는 사탕도 주시고, 과장님은 하여튼 당근과 채찍을 잘 쓰신다니까요.”

A “어떻게 알았지? 업무는 액셀과 브레이크의 균형이 중요한데, 생각해 보니 당근과 채찍이랑 정말 비슷하긴 하네. 10

일밖에 안 남아서 초조하겠지만, 마감까지 계속 액셀을 밟을 수도 없는 노릇이니 브레이크도 걸어줘야 해."라며 가벼운 체조(고개를 돌리거나 팔을 굽혔다 펴는 동작)를 하면서 브레이크의 중요성을 강조했습니다.

(몸을 푸는 일도 중요하다는 말은 하지 않았지만, A씨가 직접 상체 스트레칭을 하면서 강조함으로써, 초록파랑 템포로 중요한 사실을 전달받은 것 같습니다. A씨는 전하는 대상도 중요하지만, 전하는 신경계의 색도 중요하다고 생각하고 있는 것 같습니다.)

B "그렇네요. 아닌 게 아니라 이번 달에는 피트니스센터나 사우나에 못 갔어요. 오늘이나 내일 가보려고요."

(B씨 스스로 초록빨강, 초록파랑의 시간을 어떻게 만들어가는지 직접 말했습니다. 초록의 대화가 가능해지면, 스스로에게 도움이 되는 아이디어도 더 잘 떠오르게 됩니다.)

A "좋은데? 사우나처럼 재충전할 수 있는 시간을 만들면 뭔가를 열심히 하고 싶을 때 에너지를 발휘할 수 있지."

(초록빨강과 초록파랑의 균형이 중요하다고 다시 한번 강조하고 있습니다.)

자, 어떠셨나요? A씨도 사람인지라 당연히 빨강이나 파랑이 될 때가 있지만, 그런 상황 속에서도 '빨강과 파랑은 그대로 두고, 초록을 활용하는 생활(일)하기'를 실천하는 A씨의 모습이 잘 나타나 있다고 생각합니다.

A씨가 평소에도 이 생각을 염두에 두고 있기 때문에 예상하지 못했던 사건을 만나도 초록빨강과 초록파랑으로 대할 수 있을 것입니다.

또, A씨는 후배 B씨를 대할 때 **협동 조정**을 의식하고 있었습니다. 이 경우 협동 조정의 포인트를 몇 가지 말씀드리겠습니다.

- 자신의 몸(신경)이 나타내는 색을 인지한다.
- 내 초록 신경이 반응하도록 고민해 본다.
- 상대방의 몸(신경)이 나타내는 색을 관찰한다.
- 상대방의 신경이 빨강 또는 파랑이 되는 사정을 이해한다.
- 상대방의 빨강 또는 파랑 신경이 반응하는 사정을 이해하면서, 조금씩 부드러운 브레이크(초록) 블렌드를 시도해 본다.
- 상대방의 몸(신경)이 나타내는 색에 초록이 블렌드되는 모습을 관찰한다.
- 초록빨강이나 초록파랑 신경이 반응하고 있음을 피드백한다.
- 초록빨강이나 초록파랑 신경이 반응하는 것의 중요성(빨강과 파랑은 그대로 두고, 초록을 활용하는 생활하기)을 공유한다.

이러한 과정을 거치면서 함께 **액셀과 브레이크를 부드럽게 넘나들며 조정하고 활동하는** 느낌을 경험한다면 상대방도 스스로 조정할 수 있게 될 것입니다.

5장에서 다룬 내용은 앞서 소개한 3색에 대한 기본적인 이해를 바탕으로 구성되어 있습니다. '스스로 조정할 수 있게 된다'가 기초편이라면, '초록이나 블렌드를 누군가에게 전파하여 영향을 미치는 관계가 생긴다'는 응용편이라고 할 수 있습니다.

소중한 사람과 소통할 때, 여러분의 초록을 상대방에게 전달할 수 있다면 그 자체로 충분합니다. 이 책의 저자로서 큰 영광이자 기쁨이 될 것입니다.

5장 총정리

- 빨강과 초록빨강의 차이를 체험하고, 일이나 작업을 할 때는 초록빨강으로 대해보자.
- 파랑과 초록파랑의 차이를 체험하고, 스트레스를 받는 일이 생겼을 때는 초록파랑으로 대해보자.
- 블렌드로 생활할 수 있게 되면, 소중한 사람에게도 초록 리듬과 템포를 전파해 주자.
- 먼저 자기 조정을 한 뒤 상대방과 협동 조정을 해보자.

6장

몸에 더 관심 가지기

1

몸을 이해하고 정돈하는 법 배우기

자, 여러분도 폴리바갈 이론이나 폴리어를 알아보면서 자신의 몸이나 몸을 가다듬는 일에 조금 흥미가 생겼나요?

몸은 여러분의 생명을 지키기 위해 열심히 일하고 있습니다. 이러한 몸의 특성을 폴리바갈 이론이나 폴리어 이외의 관점에서도 꼭 접해보시고, 몸을 가다듬는 방법에 대한 선택지를 넓혀 가시기 바랍니다. 여러분께 추천할 만한 몸을 이해하고 가다듬는 방법을 몇 가지 소개해 드리겠습니다. 제가 실천하고 있는 방법이기도 합니다.

① 신경정체

(신체 전체의 균형을 맞추기 위해 신경계를 자극하는 시술법)

단어 그대로 신경에 접근하는 정체입니다. 보통의 정체원은 근육과 뼈, 관절에 접근하는 시술이 주를 이루고 있습니다. 정체원에 오시는 분들은 주로 '통증이 있다', '움직이기 힘들다', '소화기관의 순환이 원활하지 않다'와 같은 증상을 겪고 있는데, 이 증상들은 모두 신경과 관련이 있습니다. 신경정체는 이 관점에서 접근을 시도하는 정체입니다. 자율신경에도 접근하므로 폴리어와 유사한 점도 많습니다(관심 있는 분은 '신경정체 Tgroup'을 검색해 보세요).

② 요육정체

신경발달장애 어린이들을 위해 발전된 정체입니다. 자율신경을 정돈할 수 있기 때문에 이 책과도 유사한 점이 있습니다. 마쓰시마 신이치 선생님은 발달장애인 딸을 둔 아버지로서 배움과 경험을 거듭하여 약물치료 없이도 가능한 발달지원 방법을 모색한 끝에 요육정체를 개발했습니다. 부모가 자녀에게 해줄 수 있는 정체라 이해하기도 쉽고 실천하기도 쉬워 추천합니다.

③ 원시반사에 접근하기

태아기에는 스트레스나 충격을 느끼면 순간적으로 몸을 굳히거나, 양손과 양발을 벌리는 등 반사가 일어납니다. 이를 원시반사라고 하는데, 빨강이나 파랑 신경이 작용할 때 이 반사가 일어나는 사람이 있습니다. 그러면 '호흡하기 어려운 몸', '감각을 적절하게 느끼기 어려운 몸', '부드러운 움직임이나 자세를 취하기 어려운 몸'이 됩니다. 그래서 운동을 하며 몸을 가다듬고, 호흡·감각·움직임을 부드럽게 하는 방법이 '원시반사에 접근하기'입니다. 자세한 내용은 참고문헌에 있는 하이타니 다카시 씨의 책을 참고해 보시기 바랍니다. 몸이 초록이 되도록 도와줍니다.

④ 분자영양학

최근 몇 년간 영양과 자율신경의 관계가 주목받고 있습니다. 분자영양학은 자신이 무엇을 어떻게 먹고 있는지, 영양이 흡수·배설될 수 있는 몸인지 이해하는 데 도움이 되는 학문입니다. 특히 이 책에서도 중요시하는 미주신경은 뇌와 장의 관계에 관련된 신경으로 알려져 있습니다. 분자영양학을 배우면 장 관리에도 관심을 가질 수 있어 초록이 되는 방법이 늘어납니다.

이와 같이 여러분도 몸을 가다듬는 방법을 많이 배우고 실천해 보시기 바랍니다. 그리고 '몸이 초록이 되는지' 실험해 보는 것도 매우 건강하고 의미 있는 시도입니다.

2

내 몸은 내 소유물?

여러분은 태어날 때부터 죽을 때까지 여러분의 몸과 함께 생활합니다. 항상 함께라서 몸의 존재가 당연한 듯이 느껴질 때도 있겠지요. 그리고 자신의 소유물처럼 느껴질 것입니다.

그런데, 정말 여러분의 몸은 여러분의 소유물일까요? 여러분의 몸에도 생명이 있습니다. 자연계의 일부로 존재하는 생명체입니다. 과연 내 몸을 소유물이나 물건으로 인식할 수 있을까요?

참고로 말씀드리자면 내 몸을 소유물로 생각하면 안 된다는 뜻이 아닙니다. 다만 소유물이라고 인식하면 '상하 관계', '컨트롤하는 쪽과 컨트롤당하는 쪽의 관계', '지배-피지배의 관계'가 생기기 쉽습니다.

예를 들어, '나는 책이나 펜을 쓰면서 생활하고 있다'라고 한다면 '내가 책이나 펜을 소유하고, 지배하고, 컨트롤하고 있다', '내가 책이나 펜보다 우월하다'라고 생각할 가능성이 있다는 말입니다.

책과 펜을 '반려동물', '식물', '가족', '친구', '동료' 등으로 바꾸어 말해보면 어떨까요? '지배-피지배 관계'를 의도하지 않았더라도, 소유물로 생각하면 어느샌가 '지배-피지배 관계'로 인식할 위험이 커집니다.

여러분의 몸은 도구가 아니다

그러므로 **몸은 내가 지배하고 컨트롤할 수 있는 도구가 아니라고 생각해야 합니다.** 우리는 무심코 몸은 내 욕구나 욕망을 채워줄 뿐인 도구라고 생각하기 쉽습니다.

'나'는 살기 위해, 환경에 적응하기 위해, 경쟁에서 지지 않도록 노력하기 위해, 부끄러움 없는 삶을 살기 위해 최선을 다하고 있습니다. 그래서 우리는 종종 몸에게 어떻게든 버텨내며 내 도구로서 제대로 기능하기를 강요하게 됩니다.

몸은 생물체입니다. 말은 할 수 없지만, 주인인 '나'에게 다양한 신호를 줍니다. 그 원형은 유쾌함·불쾌함이라는 신체감각입니다. '왠지 기분이 좋다', '왠지 기분이 나쁘다'라는 감각입니다.

성장하면서 자신의 신체감각보다 타인, 세상, 사고, 말 등이 더 중요해집니다. 몸과 소통할 기회가 줄어들어 버리는 것이지요.

'나'와 '몸'의 차이가 이제 느껴지시나요? 여러분이 몸에 대한 이미지를 좀 더 구체적으로 떠올릴 수 있도록 이야기를 이어가 보겠습니다.

인간의 몸은 한 종류가 아니다

이 세상에는 다양한 동물이 있듯, 인간의 몸에도 다양한 몸이 있습니다. 예를 들면, '멀리 있는 것이 잘 보이는 몸·잘 보이지 않는 몸', '특정 소리가 잘 들리는 몸·잘 들리지 않는 몸', '감각에 예민한 몸·둔감한 몸', '기억력이 좋은 몸·나쁜 몸', '집중력이 좋은 몸·나쁜 몸', '손재주가 좋은 몸·나쁜 몸' 등 천차만별입니다. **다양한 몸이 존재하기 때문에, 우리가**

다른 사람과 똑같은 체험을 한다고 말할 수는 없습니다.

우리는 상대방 역시 같은 체험을 하고 있으리라는 추측을 바탕으로 소통합니다. 그러나 생물은 다양한 방향으로 계속 진화하며 살아가기 때문에, 같은 체험이 아니라 다른 체험을 하면 살아남거나 종을 보존할 확률이 높아지기도 합니다.

'몸 상태는 다양하다'라는 의미에 대해 포인트를 몇 가지 정리해 봅시다. 우리의 몸은 다음과 같은 특징이 있습니다.

- 태어났을 때부터 기질이 다르다.
- 같은 체험을 해도 같은 것을 보고, 듣고, 느낀다고 말할 수 없다.
- 경험은 사람마다 다르기 때문에 기억도 사람마다 다르며, 그렇기에 사건에 대한 반응도 사람마다 다르다.
- 다양한 내부·외부 자극에 자율신경이 반응한다.

몸의 상태란 그야말로 가지각색이며, 점점 변화합니다. 그렇기에 타인과 같은 상태가 되기는 불가능합니다. 기질과 경험, 기억, 자율신경, 그리고 다른 요인까지 다양한 요인이 복잡하게 얽혀 있습니다.

즉, **'내'가 컨트롤할 수 없을 만큼, '나의 몸'은 계속 변화한다는 말입니다. '내'가 상상할 수 없을 정도로 '나의 몸'은 계**

속 변화하고 있습니다. '내'가 상상할 수 없을 정도로 '나의 몸'은 다양한 상태로 변합니다.

몸은 소유물이라는 표현으로는 형용할 수 없을 정도로 컨트롤하기 어렵고, 항상 변화하며, 상상할 수 없을 만큼의 상태에 이르기도 합니다. 그렇기에 **나의 몸은 나와 별개라고 생각하는 편이 좋습니다.**

나와 몸은 '운전자'와 '차'

나와 몸을 구분해서 생각할 때, '운전자'와 '차'로 비유하는 경우가 있습니다.

몸이 빨강인 사람을 이해하려면 '액셀을 잠깐 밟기만 해도 속도가 나는 차', '브레이크를 밟아도 좀처럼 바로 멈추지 않는 차'를 타고 있는 운전자의 기분을 생각하면 됩니다.

그렇게 생각하면 불면증으로 고민하는 사람, 과잉행동으로 주위 사람을 난처하게 하는 아이, 무심코 화를 내는 사람, 일이 바빠서 쉴 수 없는 사람 등 몸이 빨강인 사람을 공감할 수 있습니다.

몸이 파랑인 사람을 이해하려면 '브레이크를 잠깐만 밟으

면 바로 멈춰버리는 차', '액셀을 밟아도 좀처럼 속도가 나지 않는 차'를 타고 있는 운전자의 기분을 생각하면 됩니다.

그렇게 생각하면 낮에도 졸려 하는 사람, 집중력이 없어 쉽게 멍해지는 아이, 자포자기하는 사람, 회사나 학교에 갈 수 없는 사람 등 몸이 파랑인 사람을 공감할 수 있습니다.

그리고 빨강 또는 파랑의 생리 반응이나 심리 반응 때문에 고민이라면 '나'와 '몸'을 나누어서 파악해 보시기 바랍니다. 몸의 균형이 문제일 가능성도 생각해 보아야 합니다. 혹은 몸이 생리적으로 반사하고 있을 가능성도 있습니다.

여러분이 짜증이나 불안감 때문에 고민하고 있다고 합시다. 그 원인은 여러분의 성격이나 여러분 자신의 문제도 아닌, 몸 균형의 문제입니다. 여러분의 빨강 신경이 버티고 있는 것입니다. 빨강 신경이 민감하게 반응하고 있을 뿐, 여러분의 문제가 아닙니다.

여러분이 무기력함이나 고독함 때문에 고민하고 있다고 합시다. 그 원인은 여러분의 성격도 아니고, 여러분 자신의 문제도 아닌, 몸 균형의 문제입니다. 여러분의 파랑 신경이 버티고 있는 것입니다. 파랑 신경이 민감하게 반응하고 있을 뿐, 여러분의 문제가 아닙니다.

여러분이 정신질환 때문에 고민하고 있다고 합시다. 그

원인은 여러분의 성격이나 여러분 자신의 문제도 아닌 몸 균형의 문제로, 다양한 신경이 반응한 결과입니다.

여러분이 발달장애 때문에 고민하고 있다고 합시다. 그 원인은 여러분의 성격이나 여러분 자신의 문제도 아닌 몸 균형의 문제로, 다양한 신경이 반응한 결과입니다.

저는 이렇게 생각하는 편이 당사자에게도 도움이 될 때가 많다고 생각합니다.

관점을 바꾸면 보이기 시작하는 것

그렇다면 당사자를 문제의 원인으로 묘사한 문장과 균형이 무너져 반사되는 몸과 함께 삶을 이어나가는 사람을 묘사한 문장의 예시를 몇 가지 들어보겠습니다.

- 저 아이는 과잉행동장애가 있다, 불안한 아이다, 허둥지둥하는 아이다.
- 저 아이는 '불안한 몸'과 함께 어떻게든 애써보려는 아이다.

- 저 사람은 일에 대한 동기 부여가 낮고, 타인이 지시해 주기를 기

다리는 사람이다.

- 저 사람은 '의욕이 별로 없어 누군가가 이끌어줘야 하는 몸'과 함께 열심히 노력하고 있는 사람이다.

- 내 배우자는 항상 짜증을 내며 공격적인 성격의 소유자이다.
- 내 배우자는 '맥박이나 혈압이 쉽게 오르고, 차분해지기 어려운 몸'과 함께 지내며 고생하고 있는 사람이다.

어떠신가요? 비교해 보니 다른 점이 눈에 보이시나요?

차의 문제나 결함으로 운전이 잘 되지 않을 뿐인데, 그 이유가 운전자의 문제라고 치부하면 매우 불합리한 판단이라고 할 수 있습니다. 이처럼 몸의 문제나 컨디션 난조로 생활이나 대화가 잘 되지 않을 뿐인데, 그 이유가 본인의 문제 또는 본인의 성격이 비정상이라고 치부하면 불합리하다고 느낍니다.

'운전자와 차' 이외에 '기수와 말'에 비유하는 사람도 있습니다. 말은 차와 달리 생명이 있어 이 비유가 더 이해하기 쉽다는 사람도 있습니다.

무엇에 비유하든 **본인과 몸을 별개로 파악하는 관점을 가지면 너무 자책하지 않아도 됩니다.** 그러면 본인의 성격을 개선하기보다 몸 상태를 가다듬고, 자율신경을 조정하고, 몸 균형을 맞추는 것에 의식을 집중하게 됩니다. 그런 의미에서 몸을 가다듬는 방법에 대해 다양한 방법을 배우고 실천하면 여러분의 가능성이 더 커지리라 믿습니다.

6장 총정리

- 몸을 정돈하는 방법은 '신경정체', '요육정체', '원시반사에 접근하기', '분자영양학' 등에서 힌트를 얻자.
- '나'와 '몸'을 나누어서 생각하면 '나' 또는 당사자를 과하게 문제시하는 악순환에서 빠져나올 수 있다.
- 몸의 상태는 각각 다르고, 날마다 다르다. 같은 경험을 하고 있다고 할 수 없으므로, 그때그때의 몸 상태를 소중하게 관찰하자.

끝마치며

끝까지 읽어주셔서 정말 감사합니다. 여기까지 읽으신 여러분들은 폴리바갈 이론과 폴리어 사용법의 입문편은 충분히 이해하셨으리라 생각합니다. 이제 실천으로 옮기기만 하면 됩니다. 같이 있으면 마음이 놓이는 사람, 믿을 수 있는 사람에게 꼭 알려주세요.

또, 지식을 쌓는 데 멈추지 말고 직접 실천해 보는 것이 중요합니다. 몸이나 신경을 관찰하고 조정하는 일은 스포츠와 비슷합니다. 스포츠 역시 몸으로 기억하고, 신경을 조정해 가는 과정이기 때문입니다. 하다 보면 어느샌가 기억하게 되는 것이지요.

'빨강과 파랑은 그대로 두고, 초록을 활용하는 생활하기'를 키워드로 실천해 보세요.

이 책을 집필하는 동안 많은 분이 보내주신 응원에 큰 힘을 얻었습니다. 일본실업출판사 호소노 아쓰시(細野淳) 씨는 항상 저를 격려해 주셨습니다. "요시자토 씨의 폴리바갈 이론은 쉽고 재미있어서 세상에 꼭 내놓고 싶다."라는 응원이 그렇게 든든할 수가 없었습니다. 감사합니다.

본문에서도 소개해 드렸듯이, 임상심리사 요쓰바 사와코(四葉さわこ, 리노밸런스 대표) 씨 덕분에 3색으로 표현하는 폴리어를 널리 알릴 수 있었습니다. 늘 따뜻한 응원을 보내주셔서 초록 신경으로 유대감을 느끼고 있습니다. 감사합니다.

또, 난해한 폴리바갈 이론을 자상하고 꾸준하게 지도해 주신 쓰다 마사히토(津田真人, 지넨도치료실·상담실) 씨 덕분에 이 책을 집필할 수 있었습니다. 아낌없이 지도해 주셔서 진심으로 감사드립니다.

폴리바갈 이론을 재미있고 이해하기 쉽게 가르쳐주신 멘토 야마구치 노부키(山口修喜, 오피스 Pomu) 씨에게도 감사의 말씀을 드리고 싶습니다.

신경정체를 비롯하여 '심신의 놀라움과 신비로움'에 대해 지도해 주고 계신 요시이와 히사시(吉岩久志, 요시이와 요술원 신경정체) 선생님과 함께하는 시간은 3색 자율신경계를 직접 체험할 수 있는 매우 소중한 시간입니다. 이론에만 치우치기 쉬운 저에게 체험학습의 기회를 주고 계십니다. 감사합니다.

'자연스럽게 발달하는 몸을 기르자'를 주제로 재미있고 알기 쉽게, 그리고 자상하게 정체를 지도해 주신 마쓰시마 신이치(松島眞一, 요육정체원·유라기) 선생님께도 깊은 감사의 말씀을 전합니다. 마쓰시마 선생님과의 경험 속에서 사람의 신경은 끊임없이 발달한다는 사실을 알 수 있었습니다.

또한 하이타니 다카시(灰谷孝, 주식회사 Innoch) 씨에게서도 몸과 발달에 대해서 많은 가르침을 얻고 있습니다. 앞으로도 이노치글라스와 함께 놀고 배우며 즐겁게 지내고 싶습니다. 감사합니다.

그리고 이 책의 출판을 기대하며 기다려 주시는 DMW 클럽 여러분, 폴리어 연구회 여러분, 주식회사 DMW를 응원해 주시는 모든 여러분, 항상 진심으로 감사드립니다. 여러분이 응원해 주시는 덕분에 초록 에너지도 많이 얻고, 제 생각을 나누고자 하는 마음이 변함없이 유지되는 것 같습니다.

이 책을 통해서 몸에 대한 애정, 몸에 대한 가능성, 폴리어에 대한 가능성을 느끼신 분이 있다면 정말 기쁠 것 같습니다. 온라인 스터디도 수시로 진행하고 있습니다. 폴리바갈 이론을 바탕으로 한 활동에 관심 있는 분이 계신다면 좋은 인연으로 만나 뵐 수 있으면 좋겠습니다. 기다리고 있겠습니다.

끝까지 읽어주셔서 감사합니다.

요시자토 쓰네아키

참고문헌

본문에서 언급한 책

- 나카가와 레이코, 『우리들의 셀프 터칭』, 니치보출판사(2022)
- 우메무라 다케시, 『성공하는 팀은 '놀이'로 만든다: 성공하는 팀 빌딩』, 산업능률대학출판부(2023)
- 시라미 쓰요시, 『부하들과 대화를 잘하는 매니저는 관찰부터 시작한다-폴리바갈 이론으로 알아보는 마음의 거리를 줄이는 방법』, 일본능률협회 매니지먼트헌터(2024)
- 쓰다 마사토, 『폴리바갈 이론의 권유』, 호시와서점(2022)
- 하이타니 다카시, 『사람의 뇌를 키우다, 움직임의 발달&원시반사의 성장』, 카후샤(2016)
- 하이타니 다카시, 『생명의 안경, 안경원이 밝히는 퍼포먼스 향상법』, PHP연구소(2024)
- 홋타 오사무, 『자율신경을 정돈하려거든 상인두를 단련하라』, 세계문화사(2020)

그 외

- 四葉さわこ, 『ポリヴェーガル理論イラスト画像&動画セット』合同会社リノバランス(2019)
- 四葉さわこ, 『ポリヴェーガル理論でわかる困った時の自己調整』合同会社リノバランス(2023)

- 津田真人,「ポリヴェーガル理論」を読む―からだ·こころ·社会―』星和書店(2019)
- 浅井咲子,『「今ここ」神経系エクササイズ「はるちゃんのおにぎり」を読むと、他人の批判が気にならなくなる』梨の木舎(2017)
- 浅井咲子,『不安·イライラがスッと消え去る「安心のタネ」の育て方 ポリヴェーガル理論の第一人者が教えるのコツ』大和出版(2021)
- 伊藤二三郎,『ポリヴェーガル理論で実践するこども支援―今日から保護者·教師·養護教諭·ＳＣがとりくめること』遠見書房(2022)
- 今井一彰,『あいうべ体操と口テープが病気を治す! 鼻呼吸なら薬はいらない』新潮社(2014)
- 東豊,『超かんたん 自分でできる 人生の流れを変えるちょっと不思議なサイコセラピー』遠見書房(2021)
- 東豊,『マンガで学ぶセルフ·カウンセリング まわせＰ循環!』遠見書房(2024)
- 松島眞一,『療育整体 勝手に発達する体を育てよう』花風社(2023)
- 鈴木亮司,『「脱力」はなぜ体にいいのか 痛みと疲れを1分でとる体操』青春出版社(2023)
- 鈴木郁子,『自律神経の科学「身体が整う」とはどういうことか』講談社(2023)
- 三木成夫,『内臓とこころ』河出書房新社(2013)
- 三木成夫,『生命とリズム』河出書房新社(2013)
- 神田橋條治(2019)『心身養生のコツ』岩崎学術出版社
- 神経整体Ｔ－group https://shinkei-seitai.com/
- ステファン·W·ポージェス(花丘ちぐさ訳)(2018年)
- ポリヴェーガル理論入門 心身に変革をおこす「安全」と「絆」春秋社
- K·L·ケイン/S·J·テレール著(花丘ちぐさ/浅井咲子訳)(2019)
- レジリエンスを育む ―ポリヴェーガル理論による発達性トラウマの治癒 岩崎学術出版社
- 高山恵子ほか,『こころの安全·安心をはぐくむ不登校支援』学事出版(2023)

몸과 마음의 연결을 밝히는 폴리바갈(다미주신경) 이론

불안은 몸에서 시작된다

발행일 1판 1쇄 2026년 1월 10일

지은이 요시자토 쓰네아키(吉里 恒昭)
옮긴이 김지선
발행인 채희만
출판팀 강미연, 성희령 | **마케팅팀** 한석범 | **경영관리팀** 이승희
발행처 인피니티북스 | **브랜드** 인라우드
주　소 경기도 고양시 일산동구 하늘마을로 158, 대방트리플라온 C동 209호
대표전화 02)302-8441 | **팩스** 02)6085-0777

도서문의 및 A/S 지원
홈페이지 www.infinitybooks.co.kr | **이메일** helloworld@infinitybooks.co.kr
ISBN 979-11-7533-001-6 (03510) | **등록번호** 제2021-000018호
판매정가 19,000원

· 인라우드는 인피니티북스(주)의 브랜드입니다.
· 파본은 구입처에서 교환하여 드립니다.